DR SYLVIE ROYANT-PAROLA

COMMENT RETROUVER LE SOMMEIL PAR SOI-MÊME

Odile Jacob
pratique

© Odile Jacob 2002, janvier 2008
15, rue Soufflot, 75005 Paris

www.odilejacob.fr

ISSN : 1767-2384
ISBN : 978-2-7381-2038-0

Le Code de la propriété intellectuelle n'autorisant, aux termes de l'article L.122-5, 2° et 3° a, d'une part, que les « copies ou reproductions strictement réservées à l'usage privé du copiste et non destinées à une utilisation collective » et, d'autre part, que les analyses et les courtes citations dans un but d'exemple et d'illustration, « toute représentation ou reproduction intégrale ou partielle faite sans le consentement de l'auteur ou de ses ayants droit ou ayants cause est illicite » (art. L. 122-4). Cette représentation ou reproduction, par quelque procédé que ce soit, constituerait donc une contrefaçon sanctionnée par les articles L. 335-2 et suivants du Code de la propriété intellectuelle.

Sommaire

Introduction	7

1 – Quel insomniaque êtes-vous ?

Insomnie quand tu nous tiens	9
À chacun son insomnie	12

2 – Quel dormeur êtes-vous ?

Quels sont les mécanismes de votre sommeil ?	28
Observez-vous	38

3 – Première étape : évitez les erreurs

Un problème d'environnement	48
Des erreurs d'hygiène du sommeil	51
Des rythmes non respectés	55
Se détendre et se laisser aller	57
On peut tous passer une mauvaise nuit !	58

4 – Deuxième étape : faites le point

Visualisez votre sommeil en tenant un agenda	62
Analysez votre insomnie	66
Repérez ce qui modifie votre sommeil	68
Évaluez les conséquences de l'insomnie	71
Recherchez une cause	75
Le cercle vicieux de l'insomnie	86
Utilisez-vous des médicaments ?	88

5 – Troisième étape : réapprendre à dormir

Passez moins de temps au lit	94
Contrôlez les signaux de sommeil	97
Faites la chasse aux convictions et aux croyances	100
Respectez une bonne hygiène de sommeil	104
Trouvez votre rythme de sommeil et respectez-le	106
Diminuez vos facteurs de stress	108
Vous êtes tendu(e), aidez-vous de la relaxation	112
Comment suivre votre progression	116
Que faire des médicaments ?	126

6 – L'aide des professionnels

Une complémentarité entre les médecins	129
Vous faites appel au spécialiste	133
Les maladies qui se cachent derrière l'insomnie	147
Et quand on dort trop ?	163
Qu'attendre des autres traitements de l'insomnie ?	168

7 – Les cas particuliers

Le jet-lag	175
L'enfant	179
L'adolescent	183
La personne âgée	186

Pour conclure 191

Annexes

Adresses utiles	194
Sites Internet	196
Un agenda pour reporter vos horaires de sommeil	197
Autoquestionnaire d'évaluation du sommeil et de la vigilance	198
Questionnaire du matin ou du soir	208
Bibliographie	213
Liste des centres du sommeil	215

Introduction

Minuit quarante-cinq. Clémence prend conscience qu'elle ne dort toujours pas. Depuis une heure, elle se tourne et se retourne dans son lit. Sans succès. Un sentiment d'angoisse l'assaille. Demain une réunion importante l'attend avec un nouveau client. Elle doit avoir les idées claires, se souvenir des chiffres, et de surcroît paraître en forme. Les pensées se succèdent dans sa tête. Dormir... Une boule d'angoisse lui noue la gorge. Fichu sommeil qui ne vient pas ! Sous ses paupières fermées, presque crispées, les images défilent. Elle se voit dans la salle de réunion, puis avec une collègue qui a été désagréable cet après-midi, le visage de son fils s'intercale, sans rapport. Elle transpire abondamment. Son cœur tape dans sa poitrine. Fort. Assourdissant. Elle se sent tendue dans son corps, dans sa tête. « C'est fichu, je ne vais pas m'endormir. Je ne vais pas me reposer et demain je serai incapable de tenir des propos cohérents. Je vais me tromper, dire n'importe quoi... » L'angoisse redouble, avec un serrement dans la poitrine. La perspective d'une nuit blanche la terrorise. « Si seulement je pouvais dormir, se dit-elle, tout irait bien... » Elle attrape la boîte de somnifères sur sa table de nuit. Un comprimé ? Non, ce soir ce sera deux, pour dormir plus...

Comme Clémence vous souffrez d'insomnie.

Pourquoi devient-on insomniaque ? Que faire pour l'éviter ? Quelles solutions pour en sortir ? Les somnifères ne sont pas obligatoirement la bonne réponse tout au moins en utilisation régulière. Il existe maintenant des techniques qui permettent à l'insomniaque de rompre le cercle vicieux de l'insomnie.

En finir avec l'insomnie est possible. Ce livre vous y aidera. Si l'intervention d'un médecin s'avère nécessaire, vous serez mieux à même d'expliquer votre problème et avancerez ainsi plus vite vers la guérison.

Chapitre premier

Quel insomniaque êtes-vous ?

Chacun d'entre nous connaîtra l'insomnie dans sa vie. Selon la Sofres, trois Français sur quatre souffrent d'insomnie, et 9 % ont une insomnie sévère. Vous en faites partie et vous dormez mal, souvent depuis des années. Savez-vous ce qui se cache derrière votre insomnie ? Est-elle le symptôme d'un mal-être que vous n'avez pas envie de voir ? Signe-t-elle une maladie qui évolue pour son propre compte ? Peut-on suspecter une maladie organique qui désorganise votre sommeil ?

Insomnie quand tu nous tiens

Il n'y a pas une insomnie mais des insomnies. (voir le tableau de la classification internationale des insomnies, p. 25)

L'insomnie se définit par la plainte d'un mauvais sommeil qui peut se traduire :
— par des difficultés d'endormissement,
— par des éveils dans la nuit,
— par un réveil trop précoce le matin.

Elle s'accompagne obligatoirement d'un retentissement sur la qualité de la journée : fatigue, « nervosité », irritabilité, troubles de la mémoire, difficultés de concentration, humeur fluctuante.

Il n'est pas nécessaire de faire un enregistrement de sommeil pour « prouver » que le sommeil est mauvais. D'ailleurs ces enregistrements, lorsqu'ils sont réalisés, se révèlent assez décevants car la structure du sommeil d'un insomniaque est souvent semblable à celle d'un bon dormeur. Le bon dormeur perçoit avant tout la continuité de son sommeil alors que le mauvais dormeur n'en perçoit que les moments d'éveil. Néanmoins, d'autres insomniaques ont des nuits très hachées, et l'enregistrement ne fait qu'objectiver les éveils ressentis.

La modification de la perception du sommeil est donc très importante chez l'insomniaque. Il vous est sûrement arrivé de dire « je vois passer toutes les heures », en ayant l'impression d'être éveillé tout le temps. Ce n'est que lorsque vous vous rendez compte que vous avez rêvé ou que vous n'avez pas entendu les bruits autour de vous que vous prenez conscience de votre sommeil.

Les insomnies occasionnelles ou transitoires

La plupart des périodes d'insomnies sont plutôt courtes et durent moins de 3 semaines. Ce sont des insomnies occasionnelles ou transitoires. Elles sont habituellement en rapport avec un événement particulier ou une situation facile à identifier. Il peut s'agir d'une situation psychologique éprouvante (difficultés professionnelles ou familiales, deuil, divorce...), d'un problème physique (douleurs, toux nocturne, fièvre...) ou d'un stress ponctuel (réunion professionnelle importante, examen...). Ce sont des moments pénibles et l'insomnie est le symptôme de votre mal-être. Des conditions extérieures, l'environnement peuvent être en cause, comme une période de grande chaleur qui rend l'endormissement laborieux, ou un voisinage particulièrement bruyant.

De nombreuses maladies, en particulier lorsqu'elles s'accompagnent d'une forte fièvre ou de douleurs intolérables, provoquent une insomnie. C'est le cas des accès de paludisme, des crises de coliques néphrétiques, des rhumatismes aigus, des polynévrites...

Généralement elles ne posent aucun problème de diagnostic et sont facilement résolues lorsque la cause disparaît.

Les insomnies chroniques

L'insomnie chronique se définit comme une insomnie qui survient plus de 3 fois par semaine et depuis plus de 3 mois. Son retentissement sur la forme du lendemain est néfaste. Répétée nuit après nuit, elle fragilise la résistance de la personne vis-à-vis du stress et des agressions de la vie de tous les jours.

• Ses causes sont essentiellement psychologiques ou psychiatriques, avec comme principaux coupables, l'anxiété et la dépression. Dans ces cas-là, l'insomnie

accentue la détresse psychologique, réalisant un véritable cercle vicieux dont on a du mal à sortir.
- Les conditions liées à l'environnement ou au mode de vie sont également impliquées dans ces insomnies.
- Des maladies qui ne se révèlent qu'au cours du sommeil sont par ailleurs responsables d'insomnie.

Toutes ces formes d'insomnie sont dites « secondaires » car on peut identifier une cause psychique ou physique.
- Il existe aussi une insomnie dite « primaire » car on ne trouve pas, ou plus, de cause pouvant l'expliquer. Il s'agit de l'insomnie psychophysiologique. C'est une insomnie « maladie » qui s'autoentretient en raison du comportement de l'insomniaque.

À chacun son insomnie

L'anxiété, la pire ennemie du sommeil

> *Écrivain et poète, Paule a 53 ans. Elle est insomniaque depuis 25 ans. Depuis ses études secondaires, elle se souvient de nuits difficiles lorsqu'elle traversait des périodes de contrôles ou d'examens. La classe de seconde avait été particulièrement pénible en raison des cours de mathématiques qu'elle redoutait. Son sommeil oscillait entre bonnes nuits et mauvaises nuits selon les jours où ces cours avaient lieu. Ses nuits sont devenues plus tranquilles quand elle a choisi une section littéraire et fait des études en faculté de lettres. Après cette période de répit, la situation s'est de nou-*

veau altérée peu après la naissance de son premier enfant. La grossesse s'était bien passée, mais l'arrivée de ce petit bonhomme l'avait fortement perturbée. Il était si petit, si fragile. Elle s'inquiétait de tout et de rien. S'il avait un rhume, elle guettait ses pleurs, surveillait attentivement sa température, imaginait des scénarios catastrophes sur des complications possibles. La nuit elle écoutait si sa respiration était régulière, et se levait au moindre bruit. L'insomnie s'est encore aggravée avec l'arrivée d'une petite sœur deux ans plus tard. Aux soucis quotidiens se sont greffées des inquiétudes plus diffuses. Elle redoutait de ne pas avoir les moyens d'élever ses enfants. Elle imaginait toujours le pire : et si son mari mourait ? Elle serait seule pour élever les enfants… Ses revenus personnels, très irréguliers, seraient insuffisants pour subvenir à leurs besoins.

Paule a tendance à tout exagérer. C'est une personne sensible qui aime le travail bien fait. Tout événement la préoccupe. Elle s'inquiète des choses positives comme des choses négatives. Ses pensées sont d'une richesse inouïe. Son esprit n'est jamais au repos. En particulier lorsqu'elle va se coucher, elle a toujours des idées, des images, des projets ou des inquiétudes qui font brutalement irruption dans sa tête. Du coup, elle ne s'endort pas. Cela peut durer des heures, au cours desquelles elle s'agace. Sa tête devient « comme une citrouille », lourde et vide. « Je n'arrive pas à trouver le bouton ! » dit-elle avec humour. Quand la nuit approche, la tension monte, et elle peut de moins en moins relativiser les choses. Malgré sa réticence envers les médicaments, elle prend régulièrement un anxiolytique. Elle se sent plus calme. Néanmoins, il ne l'aide plus guère à trouver le sommeil. Malheureusement ses essais pour l'arrêter se sont soldés par une insomnie majeure, « la nuit blanche totale », ajoute-t-elle.

Paule ne dort pas en raison d'une anxiété maladive. Une majorité d'insomniaques sont dans ce cas. L'anxiété et la dépression représentent à elles seules plus de la moitié des causes d'insomnie. D'autres causes relevant de l'anxiété peuvent exister, que ce soit sous la forme de troubles phobiques, d'attaques de panique, ou d'une anxiété plus diffuse comme l'anxiété généralisée. L'anxiété est un « antisommeil » par excellence. Pour dormir, il faut commencer par s'apaiser.

La dépression, un diagnostic difficile à accepter

Pierre revient des États-Unis. À 43 ans, son insomnie est apparue après sa nomination comme directeur de projet. Aux États-Unis, il était dans une équipe sympathique où ses qualités de sérieux et d'organisation étaient appréciées. Les contacts avec les collaborateurs étaient nombreux, informels et très efficaces. Le travail était dense, mais une fois parti du bureau, il avait le temps de pratiquer régulièrement du sport et de sortir avec sa femme et son fils. À son retour en France, sa direction le promeut à un poste très différent. Il a une équipe sous ses ordres, mais tous ses collaborateurs sont disséminés sur plusieurs centres en province et en Belgique. Il est donc amené à se déplacer plusieurs fois par semaine. Les contacts sont moins chaleureux. Il doit souvent animer des réunions importantes, ce qu'il

> *redoute toujours un peu. Très rapidement, il se rend compte que ce travail ne correspond pas à ce qu'il souhaitait. Il se sent mal à l'aise dans ses rapports avec les autres, il a l'impression d'être jugé. D'ailleurs, il s'interroge sur ses capacités à faire le travail qu'on lui demande. Son comportement s'est modifié, il est devenu plus irritable. Il se surprend assez souvent à répondre sèchement à un collaborateur, sans raison apparente. Par moment, il se sent mal dans sa peau. Il a noté qu'il est plus lent que dans les tâches courantes. Se concentrer lui demande un effort. Il a renoncé au jogging : non seulement il n'a plus le temps, mais il n'a plus l'envie. Des idées noires lui passent par la tête : « À quoi bon se battre, la vie n'a pas de sens. » Lui qui dormait bien se réveille vers 3 ou 4 heures du matin. Au réveil, il n'a pas de sensations particulières, mais il n'arrive pas à se rendormir. Ses pensées errent sur des choses sans importance, puis elles se fixent sur son travail. Il voit tout en négatif : ce poste n'est pas fait pour lui, il est incapable de l'occuper correctement, il va se déconsidérer vis-à-vis de son patron, inévitablement tout cela va se terminer par un licenciement. Bien évidemment le réveil se prolonge pendant une heure ou deux, parfois plus. Il lui arrive de se rendormir, mais surtout le matin juste avant que le réveil ne sonne. Il s'extirpe difficilement de son lit pour partir travailler.*

Pierre est déprimé. Cette nomination, pourtant souhaitée, a remis en question l'équilibre personnel qu'il avait acquis. Il a besoin du regard des autres pour se rassurer et se convaincre qu'il est capable de remplir la mission dont on l'a chargé. Le changement de cadre, des collaborateurs moins proches, des contacts moins valorisants l'ont déstabilisé dans son fonctionnement.

Lorsqu'il consulte, il ne se sait pas déprimé. Pour lui, c'est son sommeil qui est malade et responsable de tous ses maux. Se reconnaître déprimé est difficile. Pierre a eu besoin d'un peu de temps et de plusieurs entretiens avec son médecin pour comprendre que son trouble du sommeil était le symptôme d'une dépression.

La dépression est une maladie fréquente. En France, elle touche, sur la vie entière, 10 % des hommes et 22 % des femmes. Elle s'accompagne toujours d'une insomnie qui est souvent le premier signe à apparaître et le dernier signe à disparaître. Dans certains cas, celle-ci persiste même au-delà de l'épisode dépressif. Elle est alors associée à un risque non négligeable de rechute dépressive.

Le stress, un mal actuel

Marina est cadre supérieur dans une société de conseil. Sa réussite professionnelle est exceptionnelle. À 29 ans, elle occupe un poste important au sein de l'entreprise. Elle n'est pas mariée, mais a un petit ami avec lequel elle vit depuis 3 ans. Elle garde cependant son appartement, sans doute en souvenir de la rupture qu'elle a connue il y a 5 ans et qui l'a beaucoup blessée. Elle n'a pas d'enfant et souhaiterait en avoir. Mais elle ne voit pas très bien quand elle pourrait s'en occuper. Plus tard, elle pourra. Enfin, pas trop tard, elle va bientôt franchir le cap des 30 ans.

Marina ne compte pas ses heures. Elle travaille sur des missions qui la font intervenir dans des entreprises pour des durées allant de quelques jours à plusieurs semaines. C'est une technicienne de haut niveau. Elle est très bien payée, mais en contrepartie, le client est d'une exigence extrême. Pas de droit à l'erreur. C'est du moins l'objectif qu'elle s'est fixé. En sortant de l'école qui l'a formée, elle avait trouvé ce travail très amusant et stimulant intellectuellement. Actuellement, elle a toujours le même intérêt pour son travail, mais elle a l'impression d'en faire de plus en plus. Elle n'a plus le temps de pratiquer le squash, son sport favori. Son ami se plaint de son retour à la maison de plus en plus tardif. Le week-end est très souvent occupé par la rédaction des rapports qu'elle doit rendre. Elle dort de plus en plus mal. Dans la semaine, rentrant tard, elle se couche tard et s'endort plutôt bien. En revanche le dimanche soir, la veille de la reprise du travail, son endormissement est très laborieux. Le lundi est infernal ! Non seulement le rythme de travail est très soutenu, mais, en plus, elle a mal dormi. Habituellement la première partie de son sommeil est occupée par un sommeil profond, récupérateur, puis entre 4 et 5 heures du matin, elle se réveille. « C'est curieux, dit-elle, il est presque toujours 4 h 20 ! » Elle se sent plutôt en forme à cette heure précoce, mais lorsqu'elle essaie de se rendormir, c'est difficile, et le sommeil qui suit est léger, entrecoupé d'éveils. Elle a toujours l'impression de manquer de sommeil. En réunion, elle se retient pour ne pas bâiller. Le week-end, il lui arrive de s'endormir devant la télé l'après-midi.

Marina est stressée. Son travail est certes valorisant, mais il envahit complètement sa vie. Elle n'a plus le temps de faire une pause, de se détendre, de flâner. Il n'y a plus de coupure entre son activité et le sommeil. En fin de nuit son cerveau se remet en route avant l'heure comme pour anticiper la journée qui va suivre.

L'insomnie, une maladie conditionnée

Michèle a 42 ans. Son insomnie a commencé 8 ans plus tôt avec la maladie de sa mère. Elle est la plus jeune d'une fratrie de cinq enfants. Elle a toujours été la plus proche de ses parents et s'est trouvée en première ligne lorsqu'ils ont eu des problèmes de santé. Son père est mort d'un cancer de la gorge, pénible pour lui, et éprouvant pour toute la famille. Sa mère a été très affectée par ces épreuves. Elle ne s'en est jamais remise, se sentant triste et fatiguée. Petit à petit des troubles inquiétants sont apparus, elle se perdait en allant faire ses courses, elle a laissé une casserole sur le feu à deux reprises, évitant de justesse une catastrophe. Michèle intervenait en urgence à chaque fois. Les médecins ont fait le diagnostic de maladie d'Alzheimer. Michèle et ses frères ont décidé de laisser leur mère chez elle et d'y assurer une garde permanente. Michèle y dormait 2 nuits par semaine, plus pendant les périodes de vacances. Au cours de ces nuits de garde, elle ne dormait que d'un œil, toujours aux aguets, pour détecter un appel, un bruit anormal. Bien souvent elle se levait dans la nuit et s'occupait de sa mère. Le lendemain, elle se rendait à son travail comme d'habitude. Elle dormait mal, d'un sommeil agité. Au bout de deux ans et demi, l'état de sa mère s'est franchement détérioré. Complètement grabataire, elle demandait des soins constants. Les nuits de garde étaient de plus en plus difficiles et de plus en plus entrecoupées. Au bout de 6 mois elle décéda. Après sa disparition, Michèle ressentit un grand vide. Les trois premiers mois furent difficiles, entrecoupés d'accès de tristesse, le sommeil chaotique. Une fois la période de deuil passée, elle se sentit revivre. Pourtant, son sommeil était toujours aussi mauvais.

Deux ans après, elle ne dort toujours pas correctement ! Lorsqu'elle va se coucher, Michèle s'inquiète : comment va se passer la nuit ? « Probablement mal », pense-t-elle en se mettant au lit. Elle ne comprend pas comment font tous ces gens (y compris son mari) qui se couchent et qui s'endorment. Parfois, elle a tellement envie de dormir qu'elle se couche vers 20 heures, devant la télé, en espérant que le sommeil la prenne. Elle s'endort d'ailleurs souvent au début du film, mais ensuite, une fois la télé et la lumière éteintes, impossible de dormir. Les idées se bousculent dans sa tête, « une vraie bouilloire », dit-elle. Pas d'angoisse, mais une conviction : « C'est raté... Comme d'habitude je ne vais pas m'endormir. » Elle a l'impression de mettre des heures à s'endormir. Le matin, lorsqu'elle se réveille, elle « gagne » un peu de sommeil, ou tout au moins de repos, car elle précise bien « je ne dors pas », en restant au lit jusqu'à 9 heures si elle le peut. Dans la journée, elle qui rêve de sommeil est incapable de faire la sieste. Elle « ne s'endort jamais ».

Michèle a une insomnie « psychophysiologique ». C'est-à-dire que c'est une insomnie qui s'est construite par conditionnement psychophysiologique. Ce terme fait référence à des expériences faites en laboratoire au cours desquelles on habitue un animal à répondre à un signal. Les dresseurs d'animaux connaissent bien cette technique qui consiste à donner un signal à l'animal qui devra répondre par un type de comportement déterminé. C'est exactement ce qui s'est passé pour Michèle. Pendant des années, elle a associé le coucher avec un comportement de guetteur. C'est-à-dire un comportement d'éveil attentif. Pour elle, la mise au lit n'a plus valeur de déclenchement du sommeil mais de mise en alerte. Son insomnie est une réponse conditionnée.

L'insomnie psychophysiologique représente au moins 15 % des insomnies. Elle fait suite en général à une cause repérable qui a déstructuré le sommeil, et évolue ensuite d'elle-même. C'est pourquoi on peut parler dans ce cas d'une insomnie maladie. Elle est auto-entretenue par le comportement de l'insomniaque qui n'arrive plus à retrouver le signal de la mise en route des mécanismes du sommeil.

Un sommeil décalé

> *Rudy, un étudiant de 20 ans, vient consulter car il n'arrive pas à s'endormir. S'il se couche à minuit, il ne s'endort pas avant 2 ou 3 heures du matin. Il a essayé de se coucher plus tôt. Ça ne change absolument rien, au contraire, il se retourne encore plus dans son lit. Bien entendu le matin est particulièrement difficile, il a du mal à entendre son réveil. Il a plusieurs fois raté le début de ses cours en fac. Ses problèmes de sommeil ont commencé insensiblement dès l'âge de 11 ans. Il a même quelques souvenirs, vers 7 ans, d'être complètement éveillé alors que toute la maison dort. Sa mère lui raconte qu'elle avait remarqué qu'il était dur à coucher : il n'avait jamais sommeil. De fait en période de cours, il dort peu pendant la semaine, 5 à*

> *6 heures. Enfin, quand il entend le réveil ! En revanche, en vacances, qu'il sorte ou pas, il se couche à 2 heures ou plus, s'endort immédiatement, et se réveille, au grand dam de ses parents, à midi. Il lui est même arrivé de dormir jusqu'à 16 heures. Dans sa famille, il a remarqué que son père se couche tard aussi, mais lui arrive à se lever sans problème le matin.*

Rudy a un syndrome de retard de phase des horaires de sommeil. C'est un trouble du sommeil lié à un fonctionnement décalé des horloges internes. Il y a souvent une part génétique à l'origine de ce trouble. Néanmoins les comportements éveillants le soir tels que la pratique du sport, une exposition à une lumière forte, des activités en groupe, ont également pour effet de décaler le sommeil. Ce qui explique pourquoi ce syndrome touche particulièrement les adolescents.

Le dérèglement des horloges internes peut se faire dans l'autre sens, avec un endormissement très tôt et un réveil très tôt. On parle alors de syndrome d'avance de phase. Ce syndrome semble plus fréquent chez les personnes âgées.

Une vie de patachon

> *Henri a 22 ans. Élève à Sciences-Po, il est travailleur à ses heures et fêtard le reste du temps. Il consulte car il a du mal à s'endormir et son sommeil n'est pas reposant. Ses horaires de sommeil sont des plus variables. Exceptionnellement couché à 23 heures, il va au lit quand il peut, le plus souvent vers 1 heure du matin, mais fréquemment à 6 heures ou 8 heures du matin.*

> *Les soirées sont l'occasion de voir des copains, de sortir dans des bars ou des boîtes de nuit. Sa consommation d'alcool est très largement au-dessus de ce qui est raisonnable, et il fume régulièrement du haschisch le soir, « ce qui l'aide à dormir », dit-il. Il a horreur du sport, et préfère passer le temps libre qui lui reste à jouer en réseau sur son ordinateur. Dans la journée, il boit plusieurs cafés pour se tenir éveillé en cours. Jusqu'à 18 ans, son sommeil ne lui a jamais posé de problème. Il dort mal depuis son arrivée à Paris. Il vit seul, dans un studio. Pas de compte à rendre aux parents, pas d'horaire, pas de sommeil. C'est le tribut à payer d'une vie sans cadre et sans repère.*

Henri a des troubles du sommeil secondaires à sa déplorable hygiène de vie. Son mode de vie a supprimé tout repère horaire régulier. De ce fait, son sommeil ne peut se déclencher correctement. À l'exception d'une privation de sommeil, il lui est impossible de s'endormir n'importe quand. L'utilisation de l'alcool, du café, et de drogues est en plus très délétère sur le sommeil. Henri a besoin avant tout de retrouver une vie plus raisonnable, et son sommeil se régularisera de lui-même.

Des jambes agitées

> *Jean-Claude rentre dans sa soixante-deuxième année. Il se plaint d'un sommeil non reposant avec la sensation au réveil d'être exténué, complètement « moulu » par sa nuit de sommeil. Cette fatigue au réveil le poursuit tout au long de la journée. S'il en a la possibilité, il se repose dans un fauteuil et s'endort*

assez facilement. Ce problème existe depuis une petite dizaine d'années. Lorsqu'il se couche, il ressent des sensations pénibles dans les jambes. Ses jambes l'agacent ! Il perçoit des piqûres désagréables ou des fourmillements qui l'obligent à se relever pour se dégourdir les jambes. Il a remarqué que le froid le soulage. Il arpente donc la salle de bain pieds nus sur le carrelage. Si ça ne passe pas, il se douche les jambes avec de l'eau froide. Et il tente de se recoucher. Malheureusement cela recommence. Et le revoilà hors du lit, à marcher, s'étirer... On imagine que ce manège ne facilite pas l'endormissement ! Il met souvent une heure ou deux pour s'endormir, et parfois il se réveille au milieu de la nuit avec ce même problème. Sa femme a depuis longtemps quitté la chambre commune pour dormir dans la chambre d'à côté. « C'était impossible de s'endormir à côté de lui, il bouge tout le temps. Il se lève. Il se recouche. En plus quand il dort il continue à bouger les jambes sans s'en rendre compte. Il me donnait des coups de pied toute la nuit. »

Jean-Claude a ce qu'on appelle des « impatiences » des membres inférieurs. Ce syndrome survient effectivement au coucher et gêne considérablement l'endormissement. Il s'accompagne le plus souvent d'un syndrome des mouvements périodiques nocturnes. On ne peut faire la preuve de ce dernier qu'avec un enregistrement du sommeil car la personne ne se rend pas compte de ces mouvements. En revanche, le conjoint se plaint généralement de mouvements répétés qui peuvent être très gênants car violents.

Une maladie associée

François est un monsieur de 85 ans qui se plaint de troubles du sommeil récents, apparus depuis 6 mois. « Il y a 3 mois je ne dormais plus du tout », précise-t-il en consultation. Il souffre de grosses difficultés d'endormissement. Il reste assis dans son lit à voir défiler les heures. La position assise le soulage et lui permet de dormir un peu. En effet, lorsqu'il s'allonge, il est essoufflé, ce qui est nouveau. Le matin au réveil, il se sent fatigué et cette fatigue persiste tout au long de la journée. Des accès de somnolence l'assaillent à différents moments, en particulier après le déjeuner.

Secrétaire d'une association qui s'occupe de fouilles archéologiques, il est très actif malgré son âge. Il lit beaucoup, rencontre de nombreux amis. Cette insomnie l'handicape énormément, et il voudrait retrouver son niveau d'activité habituelle. Depuis un mois, son médecin traitant lui a prescrit un hypnotique qui a été efficace pendant quelques jours, mais qui ne fait maintenant plus aucun effet. Auparavant, il n'a jamais connu d'insomnie et se décrit comme un très bon dormeur. Il n'a pas de soucis particuliers. Il n'est ni déprimé ni anxieux. En revanche, il a des ennuis de santé qui se sont accentués avec les années. Il est hypertendu depuis 6 ans, bien corrigé par son traitement anti-hypertenseur. Il a remarqué que depuis quelque temps il est essoufflé par la montée d'un étage. Ses chaussettes le serrent beaucoup et il a des œdèmes des chevilles qui augment de taille en cours de journée. Un bilan cardiologique demandé en urgence conclut à l'existence d'une insuffisance cardiaque globale. Le traitement diurétique débuté par le cardiologue a considérablement amélioré son sommeil.

Dans les cas d'une insomnie d'apparition récente chez quelqu'un d'âgé, il faut toujours suspecter une cause comme une dépression ou une maladie organique associée. Les maladies cardiaques et respiratoires graves s'accompagnent souvent d'une insomnie. Elles ne sont pas les seules. Pratiquement toutes les maladies graves, que ce soit en raison de la gêne physique occasionnée comme les douleurs ou la fièvre, ou de l'inquiétude provoquée par la gravité de la maladie, ont un retentissement sur le sommeil.

CLASSIFICATION INTERNATIONALE DES INSOMNIES

LES INSOMNIES OCCASIONNELLES ET À COURT TERME

Mauvaise hygiène de vie.
Situations psychologiques éprouvantes.
Liées à l'environnement (bruit, température excessive, lumière…).
Maladies associées (reflux gastro-duodénal, polyarthrite, asthme…).

LES INSOMNIES CHRONIQUES

Les insomnies primaires
L'insomnie psychophysiologique.
La mauvaise perception du sommeil.
L'insomnie idiopathique (insomnie sans cause retrouvée).

Les insomnies secondaires

• **Les insomnies organiques**

Les maladies intercurrentes (hernie hiatale, hyperthyroïdie, insuffisance cardiaque, insuffisance respiratoire, maladies inflammatoires…).

Les troubles organiques liés au sommeil :
— Le syndrome des jambes sans repos.
— Le syndrome des mouvements périodiques nocturnes.
— Le syndrome d'apnées du sommeil.

• **Les insomnies psychiatriques**
— La dépression.
— L'anxiété.
— Les autres pathologies psychiatriques.

• **Les insomnies liées aux médicaments, à l'alcool, aux excitants**
— Les médicaments (corticoïdes, ventoline, hormones thyroïdiennes…).
— L'alcool.
— Les substances toxiques (café, thé, coca, haschisch…).

• **Les insomnies liées à l'environnement et au mode de vie**

LES TROUBLES DU RYTHME VEILLE-SOMMEIL

• Liés à des rythmes imposés : travail de nuit, horaires décalés, jet-lag…
• Les troubles intrinsèques : retard de phase, avance de phase, rythme différent de 24 heures.

Chapitre 2

Quel dormeur êtes-vous ?

Depuis votre enfance on vous répète qu'il faut dormir au moins 8 heures par nuit, que « les heures avant minuit comptent double ». D'ailleurs vous êtes convaincu d'avoir besoin d'au moins 9 heures de sommeil pour récupérer. Vous évitez soigneusement de vous coucher après 22 h 30 car vous savez que vous aurez des difficultés pour vous endormir.

Ces croyances vous imprègnent d'idées fausses. Vous êtes-vous interrogé sur vos besoins réels de sommeil, sur votre rythme propre ? Votre sommeil est unique. Il n'a rien à voir avec le sommeil de votre voisin. Votre corps vous envoie des signaux qui ont un sens : « j'ai sommeil », « je suis réveillé ». Plutôt que de plaquer artificiellement une norme sur vos besoins, essayez de repérer les messages que vous envoie votre corps.

Quels sont les mécanismes de votre sommeil ?

Pourquoi s'endort-on chaque soir ?

Les mécanismes neurophysiologiques qui sous-tendent l'endormissement reposent essentiellement sur une balance entre les systèmes d'éveil qui doivent progressivement se désactiver, et les systèmes de sommeil qui, au contraire, se mettent en route.

Cette balance est intrinsèquement liée au rythme de la température interne. La température corporelle normale n'est pas constamment égale à 37° tout au long de la journée. Elle varie selon une courbe grossièrement sinusoïdale dont le minimum est nocturne, entre 3 heures et 5 heures du matin, et le maximum diurne, entre 17 heures et 20 heures. L'endormissement se produit d'une manière privilégiée lorsque la température décroît. On ne peut pas s'endormir lorsque la température est élevée. Cela explique pourquoi un effort physique soutenu pratiqué le soir, en augmentant la température centrale, retarde l'endormissement.

L'envie de dormir est d'autant plus importante que la veille préalable a été longue. En effet, au cours de l'éveil notre organisme fabrique des substances hypnogènes qui s'accumulent au fur et à mesure que l'éveil se prolonge. Ces substances se comportent comme des toxines que l'organisme doit éliminer au cours du sommeil. Finalement plus on est éveillé pendant la journée, mieux on prépare la nuit suivante.

Lorsque la température corporelle décroît et que l'accumulation des substances hypnogènes est suffisante, notre corps nous envoie des signaux de sommeil pour nous indiquer qu'il est temps d'aller se coucher.

Des rituels à respecter

Les processus physiologiques de l'endormissement ne conduisent pas nécessairement au sommeil. Pour s'endormir il faut aussi se mettre en conditions de sommeil. Avant d'aller au lit il faut ralentir son activité, et favoriser tous les signes qui vont signifier à notre organisme qu'on va aller se coucher. Ce sont les rituels du sommeil. Très marqués chez l'enfant avec la petite histoire, la chanson, le doudou, ils sont chez l'adulte beaucoup plus utilitaires, comme se laver les dents, se mettre en pyjama, fermer les volets, et... se mettre au lit. Cette succession de petits événements est équivalente à un code qui sous-entend « il est temps de dormir ». Ce sont des signaux déclencheurs du sommeil tout aussi importants dans le processus de mise en route des mécanismes de sommeil que la fabrication des substances hypnogènes.

Les cycles du sommeil

De l'endormissement au réveil on distingue 5 stades de sommeil qui s'organisent dans une succession de 4 à 6 cycles par nuit.
— Les stades 1 et 2 constituent le sommeil lent léger. Il représente environ 50 % du temps de sommeil total. Le stade 1 est la transition entre l'éveil et le sommeil.

— Le stade 2 est un stade où le sommeil est confirmé, pourtant 50 % des bons dormeurs et 80 % des mauvais dormeurs ont l'impression de ne pas dormir.
— Les stades 3 et 4 représentent le sommeil lent profond. Il occupe 20 à 30 % du temps de sommeil et sa durée est pratiquement constante (autour de 100 minutes) quelle que soit la durée du sommeil. C'est un sommeil dont on émerge difficilement et qui est très récupérateur, particulièrement sur le plan physique.
— Le sommeil paradoxal est le cinquième stade décrit. Il représente environ 20 % du temps de sommeil. Depuis les travaux de Michel Jouvet, il est intimement rattaché aux rêves et sa fonction est surtout évoquée dans le maintien de l'équilibre psychique et dans les processus de mémorisation. Néanmoins, on sait maintenant que les rêves surviennent également au cours des autres stades de sommeil.

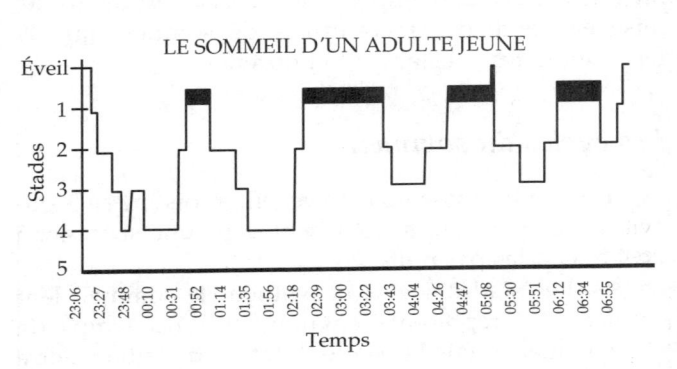

LE SOMMEIL D'UN ADULTE JEUNE

Zones en noir : sommeil paradoxal.

> **LE SOMMEIL LENT PROFOND**
>
> Il doit son nom à l'existence d'ondes cérébrales très lentes et très amples recueillies sur le scalp grâce à des électrodes. Un éveil brutal dans ce stade peut provoquer un comportement confusionnel ou automatique identique au comportement du somnambule. C'est le moment privilégié de la sécrétion de l'hormone de croissance, une hormone qui sert à grandir chez l'enfant et à reconstruire les réserves énergétiques chez l'adulte.

La structure du sommeil n'est pas identique du coucher au lever. Le début du sommeil est riche en sommeil profond, alors que la fin de la nuit est occupée essentiellement par du sommeil léger et du sommeil par,adoxal. Cette asymétrie du sommeil explique la qualité des éveils provoqués en cours de nuit. Ainsi, si la sonnerie du téléphone retentit en début de nuit vous aurez l'impression d'émerger du fond de l'abîme de votre sommeil, et d'avoir du mal à rassembler vos idées, alors qu'en fin de nuit vous serez tout de suite présent et attentif. Chaque cycle de sommeil comprend du sommeil lent et du sommeil paradoxal. Les

> **LE SOMMEIL PARADOXAL**
>
> Il a été initialement décrit par Michel Jouvet chez le chat et par William Dement chez l'homme. Il est appelé « paradoxal » car le cerveau est alors le siège d'une activité électrique proche de celle de l'éveil, alors que le corps est complètement paralysé. Les yeux sont agités par des saccades oculaires très rapides. Il y a une érection des organes sexuels chez l'homme comme chez la femme. C'est un moment où l'activité onirique (rêves) est très marquée.

cycles se succèdent toutes les 90 minutes en moyenne. À chaque fin de cycle, un éveil est fréquent. Il est plus ou moins perçu par le dormeur.

Pourquoi se réveille-t-on le matin ?

Le réveil naturel se fait le matin quand on a dormi son quota de sommeil. Il survient toujours sur la courbe ascendante de la température. Il y a un pic de sécrétion du cortisol qui précède le réveil. Le cortisol est l'hormone du stress, et le réveil est en quelque sorte le premier stress de la journée. La fin du sommeil étant très riche en sommeil paradoxal et en sommeil léger, le réveil fait suite, le plus souvent, à l'un de ces stades. Chez le sujet jeune le sommeil lent profond peut réapparaître en fin de nuit, celui-ci peut donc se réveiller en plein sommeil profond, ce qui explique les éveils désagréables provoqués par les sonneries du réveil.

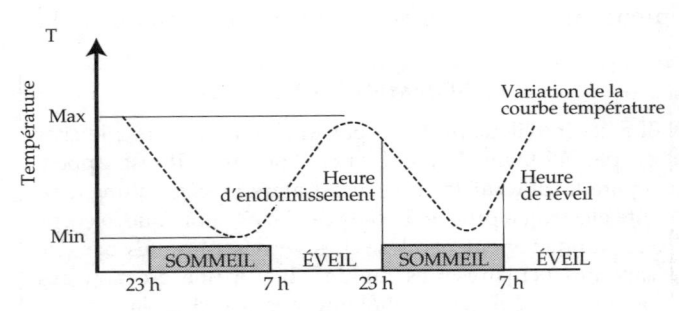

Courbe de température et sommeil

Les horloges du sommeil

➤ Nous avons des horloges dans le cerveau

Les expériences d'isolement temporel comme celles très médiatiques du spéléologue Michel Siffre ont permis de montrer que le sommeil a un rythme propre, indépendant de l'alternance du jour et de la nuit.

Ce type d'expérience a permis de dégager 2 conclusions :

— La première est qu'il existe une horloge interne dans notre cerveau qui commande la rythmicité de notre sommeil.

— La seconde, que cette horloge a spontanément une période supérieure à 24 heures, ce qui nécessite une remise à l'heure journalière afin d'être correctement calée sur l'alternance du jour et de la nuit. Cette remise à l'heure s'effectue grâce aux synchroniseurs.

Les synchroniseurs sont des signaux réguliers que nous adresse notre environnement. L'alternance du jour et de la nuit est le signal rythmique extérieur le plus évident. Le second est le rythme de l'activité sociale.

➤ La lumière et la mélatonine pour mesurer le temps

La lumière solaire donne un éclairement dont l'intensité et la durée varient au cours de la journée, mais aussi au cours des saisons. Notre rétine contient des cellules directement sensibles aux influx lumineux qui modulent nos rythmes essentiellement par le biais d'une hormone, la mélatonine. La lumière bloque la sécrétion de la mélatonine : il n'y a donc pas (ou peu)

> **L'EXPÉRIENCE D'ISOLEMENT TEMPOREL DE MICHEL SIFFRE**
>
> En 1962, lors d'une première expérience, Michel Siffre descend dans le glacier souterrain du gouffre de Scarasson pour tenter de survivre en milieu hostile et étudier la perte de notion du temps. Dans des conditions très dures physiquement : il campe à 130 m de profondeur, à une température de 0 °C, avec une humidité relative de 100 %, il passe 58 jours, sans montre, et sans autre contact avec l'extérieur qu'un téléphone. Il sous-évalue considérablement la durée de ses journées mais l'alternance de ses périodes d'éveil et de sommeil garde un rythme régulier de 24 h 30 même en l'absence d'information sur le temps qui passe. Des chercheurs d'autres pays ont continué ce type d'expériences dans des conditions beaucoup plus civilisées avec des bunkers aménagés pour les Allemands et des studios confortables pour les Américains. Le point commun à ces expériences était l'absence totale de repère horaire : pas de montre, pas de lumière solaire, pas de télé, ni de radio. Dans ces conditions, l'alternance des périodes de sommeil et d'éveil se reproduit régulièrement mais avec une période supérieure à 24 heures, de l'ordre de 25 heures.

de sécrétion de mélatonine dans la journée. À l'inverse, la sécrétion de mélatonine est maximale la nuit, avec un pic sécrétoire vers 3 heures du matin. Pour agir, la lumière doit avoir une intensité assez forte, de l'ordre de 2 500 lux : c'est une intensité lumineuse qui dépasse largement celle obtenue dans un appartement ou un bureau. À titre indicatif, l'éclairage d'une pièce est rarement supérieur à 250 lux, alors que la luminosité extérieure en plein jour varie de 2 000 à 100 000 lux, selon que le ciel est très couvert ou que la réverbération est très importante, comme c'est le cas en haut des pistes de ski par beau temps.

Lorsqu'un individu est soumis à une lumière suffisamment forte dans la matinée ou dans la soirée, on observe un décalage de sa température interne et de son sommeil. C'est un effet très étonnant qui a été prouvé chez l'animal et chez l'homme. Ainsi une lumière forte le matin entraîne une avance des horaires de sommeil : la personne s'endort plus tôt et se réveille plus tôt la nuit suivante. À l'inverse une lumière forte le soir retarde les horaires d'endormissement et de réveil. Cet effet de la lumière est directement lié à une action sur la mélatonine qui suit les variations de la lumière avec une sécrétion qui avance ou retarde selon le moment d'éclairement.

La lumière et la mélatonine permettent donc à l'organisme d'ajuster le rythme veille-sommeil aux variations cycliques du jour et de la nuit.

La lumière a un autre effet sur la qualité de l'éveil qui n'est pas lié à la mélatonine : une lumière forte augmente la vigilance et améliore les performances. Vous pouvez l'expérimenter vous-même : si vous êtes dans une pièce avec une lumière tamisée, vous aurez tendance à somnoler. En revanche si vous mettez une lumière forte, vous pourrez maintenir votre attention plus facilement. Cet effet est utilisé dans certaines usines de fabrication pour améliorer les performances des ouvriers et diminuer les accidents.

➤ Le rythme de la vie sociale

La vie sociale, rythmée par les horaires de travail, des repas, ou des activités en groupe est l'autre synchroniseur déterminant chez l'homme. Plus nous sommes soumis à une activité régulière et en groupe, plus nos horloges internes sont synchronisées. Des

Métro - boulot - dodo

Synchroniseur social

Alternance jour-nuit

Sous l'action de la lumière la mélatonine sert à mesurer le temps

Horloges hypothalamiques

Rythme des sécrétions glandulaires

Rythme de la température

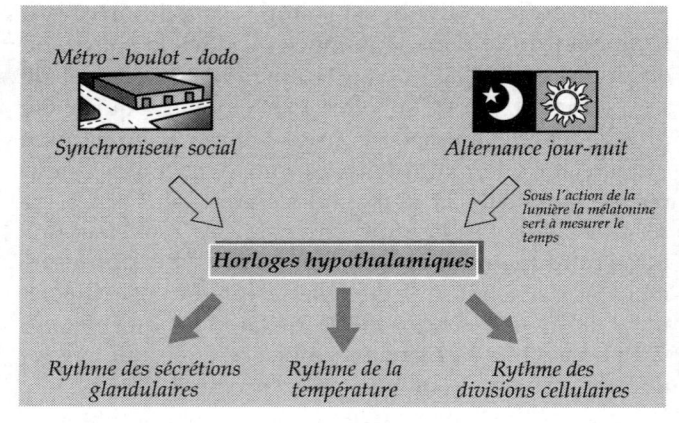

Rythme des divisions cellulaires

Les horloges

rythmes particuliers peuvent être complètement induits par la vie en groupe comme cela a été montré lors de protocoles expérimentaux.

Dans la vie de tous les jours cette situation peut se voir en différentes circonstances. C'est le cas chez certains couples dont l'un est très décalé, se couchant très tard, et se levant très tard. Au bout de quelques semaines de vie commune, celui qui est décalé a entraîné l'autre. Et ce décalage persiste tant qu'ils restent ensemble.

La cohésion du groupe joue un rôle déterminant sur l'entraînement des rythmes : on peut le voir dans les milieux militaires, sportifs, certains groupes d'étudiants…

Plus l'activité physique est importante, plus la synchronisation des rythmes l'est également. Il faut cependant se méfier des activités très physiques le soir (sport, discothèque…) car elles ont alors le même effet qu'une lumière forte : elles retardent le sommeil.

➤ Les portes du sommeil

La régulation de nos horloges internes fait que l'homme est programmé pour dormir de manière préférentielle à deux moments particuliers : la nuit et en milieu d'après-midi. Peretz Lavie, un chercheur israélien, a utilisé une image fort judicieuse pour les décrire. Il parle des « portes du sommeil ». Celles-ci sont ouvertes dans la soirée et vers 13 ou 14 heures. Une zone est particulièrement sensible, elle se situe autour de 3 ou 4 heures du matin. Il s'agit d'un moment de grande vulnérabilité de l'organisme où le sommeil est quasi obligatoire. À cet horaire particulier, on peut lutter pour rester éveillé mais cela demande un effort pour passer le cap. Même si le cerveau est éveillé, le corps fonctionne au ralenti car la température corporelle est à son minimum. C'est un moment difficile où les risques d'accidents sont augmentés car la vigilance est diminuée. Sur la route, les statistiques en témoignent. Les accidents mortels sont plus fréquents dans cette tranche horaire. L'autre creux de vigilance est bien connu. C'est l'heure de la sieste. L'envie de dormir qui vous prend en début d'après-midi n'est pas spécialement liée au repas, bien qu'elle soit accentuée par un repas lourd ou arrosé.

La durée du sommeil

La durée du sommeil est variable d'un individu à l'autre. Il n'y a donc pas de norme dans ce domaine. Il existe des variations selon l'âge. À la naissance, la durée du sommeil qui représente plus de 12 heures sur 24 passe rapidement à 10 heures par nuit vers

5-6 ans. À l'adolescence le sommeil se stabilise vers 8 ou 9 heures par nuit en moyenne. Avec l'âge, la durée du sommeil nocturne diminue un peu mais en réalité la durée du sommeil total sur 24 heures est assez stable en raison de la réapparition de siestes chez les personnes du troisième âge.

La durée de sommeil dépend également de l'heure à laquelle on se couche. Lorsqu'on a l'habitude de s'endormir vers 23 heures, si l'on se couche tard, vers 3 heures du matin, le sommeil est plus court que d'habitude même si on n'est pas obligé de se réveiller tôt. Des expériences sur des volontaires bien portants ont montré que les durées de sommeil les plus courtes sont obtenues pour des couchers vers 7 heures ou vers 11 heures du matin. Malgré l'absence de sommeil pendant la nuit, la personne ne peut dormir que 3 ou 4 heures. Cette situation, exceptionnelle dans la vie courante, se rencontre régulièrement chez les travailleurs de nuit qui, par obligation, ne se couchent que vers 9 ou 10 heures quand ils rentrent de leur travail. Leur sommeil de jour est toujours beaucoup plus court que leur sommeil de nuit. Ils ne récupèrent correctement que lorsqu'ils sont de repos.

Observez-vous

Du soir ou du matin ?

Nous ne sommes cependant pas tous programmés aux mêmes horaires. Ainsi, il existe des différences individuelles profondément ancrées en nous. Si plus de

50 % d'entre nous n'ont pas de tendances horaires très typées, certains sont couche-tard, et généralement lève-tard, d'autres au contraire sont couche-tôt et lève-tôt. Ces habitudes horaires sont sous-tendues par une prédisposition génétique. Dans une famille, si l'un des parents a des habitudes horaires très marquées, se levant très tôt ou se couchant très tard, un des enfants aura de fortes chances de présenter les mêmes caractéristiques. Cependant, les personnes qui, dans la vie de tous les jours, se couchent très tard, au-delà de 1 heure du matin, ou très tôt, avant 21 heures, ne représentent que 5 à 6 % de la population. Entre ces deux extrêmes, la plus grande partie de la population est constituée par des personnes qui ont certes des préférences horaires, mais pour lesquelles il existe des possibilités d'adaptation aux horaires imposés par la vie en société.

Ceux qui souffrent le plus de leurs horaires de sommeil sont les sujets du soir extrêmes. Ainsi Marie, une jeune femme de 25 ans, travaillant dans un secteur commercial en informatique raconte ses difficultés. « *Au bureau, tous les collègues me considèrent comme une tire-au-flanc ou une fêtarde. Le matin je n'arrive pas à me réveiller avant 9 heures, car il m'est impossible de m'endormir avant 2 heures ou plutôt 3 heures du matin. Je suis donc au bureau à 10 heures. Lorsque je traverse l'entrée et que je passe devant mes collègues, j'entends leurs sarcasmes. J'ai déjà eu un avertissement de mon chef. Le soir je reste souvent jusqu'à 20 heures car je me sens culpabilisée. C'est infernal !* »

Vous pouvez faire un petit test plus complet mis au point par deux chercheurs, les docteurs Horne et Östberg, qui vous indiquera plus précisément dans quelle catégorie vous vous situez. (Voir le questionnaire du matin ou du soir en annexe, p. 208.)

> **VOUS ÊTES PLUTÔT DU MATIN SI :**
>
> — Vous êtes tout de suite frais et dispos au réveil.
> — En vacances, vous n'êtes jamais réveillé au-delà de 9 heures ou 9 h 30.
> — Dans un groupe vous êtes toujours le premier levé.
> — Vous lever à 5 heures du matin pour terminer quelque chose ne vous rebute pas.
>
> **VOUS ÊTES PLUTÔT DU SOIR SI :**
>
> — Le lever est toujours difficile, et vous restez embrumé pendant une à deux heures après le lever.
> — En vacances vos horaires de sommeil sont franchement décalés (vous vous couchez plus tard et vous vous levez plus tard).
> — Dans un groupe vous faites partie des derniers levés.
> — Si vous devez vous lever très tôt, vous préférerez éventuellement ne pas vous coucher du tout.

Petit ou gros dormeur ?

La durée du sommeil est plus ou moins importante selon les individus. Les sacro-saintes 8 heures par nuit sont une moyenne. En réalité, les besoins de sommeil sont extrêmement variables d'un individu à l'autre. Certains sont de gros dormeurs, qui ont besoin de 9 heures ou plus (jusqu'à 12 heures) de sommeil par nuit, d'autres sont de petits dormeurs qui ont besoin de moins de 6 heures. Le record dans ce domaine est détenu par un Australien qui dort 3 h 30 par nuit. La quantité de sommeil dont on a besoin est celle avec laquelle on fonctionne bien le lendemain. À vous de trouver la vôtre. Et ce n'est pas toujours facile ! Ainsi, régulièrement, des petits dormeurs consultent pour insomnie. Ils sont persuadés de ne pas dormir assez.

> *Paul, un chirurgien de 53 ans : « Je suis insomniaque, me dit-il. Je me réveille tous les matins à 4 heures et je ne peux plus me rendormir. » Toutes les nuits, il se lève et s'occupe. Passionné de musique classique, il passe ces heures nocturnes à écouter des concertos, des symphonies, et en est au stade où, très méthodiquement, il compare les différentes interprétations de la même œuvre par différents concertistes. Il est imbattable dans ce domaine. Le lendemain, il est toujours en forme mais sa femme et sa fille lui disent : « Ce n'est pas normal, tu devrais dormir... » C'est donc poussé par son entourage qu'il consulte. En réalité ce médecin avait toujours été petit dormeur. Adolescent il sortait beaucoup le soir, tout en réussissant brillamment ses études. Étudiant en médecine puis interne en chirurgie, c'était un bosseur qui assumait ses gardes sans difficultés. Son sommeil n'a rien d'anormal, au contraire. Avoir naturellement besoin de peu de sommeil est une chance pour pratiquer le métier qu'il a choisi.*

À quel moment se coucher ?

➤ « Quand on a sommeil » : cette évidence est très souvent oubliée !

Faites un petit sondage auprès des personnes autour de vous : demandez-leur pourquoi elles vont se coucher. Les réponses données sont le plus souvent : parce qu'il est l'heure d'aller se coucher, ou parce qu'il

> **COMMENT CONNAÎTRE VOS BESOINS DE SOMMEIL**
>
> *Vous avez besoin de peu de sommeil si :*
> — vous êtes relativement en forme après une nuit où vous n'avez dormi que 3 heures,
> — en vacances, vous ne dormez pas beaucoup plus que pendant l'année,
> — dormir 8 heures est votre durée de sommeil maximale,
> — vous n'aimez pas traîner au lit une fois réveillé.
>
> *Vous avez besoin de beaucoup de sommeil si :*
> — vous supportez très mal de dormir peu,
> — en vacances ou les week-ends vous dormez beaucoup plus longtemps que pendant l'année,
> — vous limitez vos sorties en fonction de la quantité de sommeil dont vous avez besoin.

faut se lever le lendemain matin. Rarement, parce que j'ai sommeil !

Sentir qu'on a sommeil n'est pas toujours facile quand on est insomniaque.

> Isabelle : « *Je n'en peux plus. Même quand je me dépense, le sommeil ne vient pas. Je ne ressens plus la fatigue. J'ai fait une randonnée dans les Cévennes, après 25 km de marche dans la journée, tous mes amis se sont écroulés le soir venu, et moi je ne suis même pas arrivée à trouver le sommeil.* »

Chez certaines personnes, l'excitation prend le dessus et met en route les systèmes d'éveil. Impossible de ressentir le moindre relâchement.

> **EXERCEZ-VOUS À RESSENTIR
> LES SIGNAUX DE SOMMEIL**
>
> — Avez-vous envie de bâiller ?
> — Vous sentez-vous engourdi(e) ?
> — Avez-vous l'impression que votre nuque est lourde ?
> — Avez-vous l'impression de vous refroidir ?
> — Avez-vous du mal à garder les yeux ouverts ?
> — Devez-vous faire un effort pour maintenir votre attention ?

➤ *Attention : « avoir sommeil » est très différent d'« être fatigué »*

Vous pouvez rentrer chez vous, exténué par une journée harassante, durant laquelle vous avez été sollicité en permanence. Vous vous sentez fatigué, inefficace, avec une seule envie : vous mettre au lit pour dormir et récupérer. Pour autant, avez-vous vraiment sommeil ? La réponse est non ! Si après cette journée épouvantable, vous rentrez chez vous et prenez le temps de vous détendre, de passer un moment agréable en famille, de prendre un bain… (d'accord, le retour à la maison n'est pas toujours aussi facile, mais essayez au moins quelques soirs par semaine), vous allez laisser les préoccupations de votre travail à la porte et vous vous sentirez à nouveau disponible car reposé. En fait vous étiez fatigué et tendu. L'envie d'aller au lit ne correspondait pas à un besoin de dormir. Vos horloges internes n'avaient pas encore donné de signaux de sommeil. En vous couchant plus tôt que l'heure programmée, vous risquiez de ne pas vous endormir.

À quel moment se lever ?

➤ Dès qu'on est réveillé le matin !

Les horloges internes ont pour rôle de régulariser le sommeil en fonction de nos besoins. Écoutez-les. Ne cherchez pas à tout prix à dormir plus.

Vous avez remarqué que si vous avez l'habitude de vous lever à 7 heures les jours de semaine, vous vous réveillerez probablement vers 7 heures le week-end. Que faire alors ? Si vraiment vous tombez encore de sommeil, n'hésitez pas à redormir. En revanche, si vous devez faire des efforts pour retrouver le sommeil, n'hésitez pas, levez-vous ! Votre sommeil doit avoir une durée optimale, c'est-à-dire suffisante mais pas excessive. Tout est question d'individu. Huit heures de sommeil sont excessives pour un petit dormeur. Dormir trop provoque ce qu'on appelle « l'ivresse du sommeil ». Au moment du réveil, on se sent complètement groggy et on a du mal à se réveiller, avec souvent en prime un mal de tête très pénible. C'est ce qui vous arrive parfois le week-end si vous cherchez à tout prix à faire « une grasse matinée ».

À l'inverse de ceux qui se réveillent tôt, il y a ceux qui ne se réveillent pas spontanément. Ce sont habituellement des couche-tard, ou des personnes qui ont besoin de beaucoup de sommeil. Fort heureusement, notre organisme a des capacités d'adaptation qui lui permettent de supporter une privation de sommeil partielle sans trop de problème. Il se rattrape alors le week-end. Avec un inconvénient : la nuit du dimanche soir peut être difficile car le lever tardif entraîne un décalage du sommeil, qui retarde d'autant l'endormissement.

Trouver son sommeil optimal

Le sommeil optimal est un sommeil dont la durée permet d'être en forme, et qui se cale correctement par rapport aux horloges internes.

Pour avoir une idée de votre temps de sommeil optimal, interrogez-vous sur le déroulement des nuits qui ont été suivies de journées où vous avez noté que vous étiez en forme. Intéressez-vous aux nuits où vous avez dormi moins qu'à l'habitude. Contrairement à ce que vous pensez, vous observerez que ce n'est pas obligatoirement le sommeil le plus long qui vous donne la meilleure forme le lendemain.

PEUT-ON DORMIR MOINS ?

Une expérience de réduction du temps de sommeil chez des étudiants a montré que tous pouvaient diminuer leur temps de sommeil d'une heure trente à trois heures tout en conservant une bonne efficacité le lendemain. Ils accusaient néanmoins une certaine fatigue. La diminution a été progressive par paliers de 30 minutes toutes les deux ou trois semaines. La durée minimale de sommeil obtenue a été de 5 heures par nuit. Au-delà, l'écroulement des performances et la fatigue sont habituels, à moins de faire partie des exceptionnels courts dormeurs. Au bout d'un an, ces mêmes étudiants avaient conservé un sommeil plus court d'une heure à deux heures trente qu'avant l'expérience, sans aucun effort particulier, ni retentissement sur la qualité de leur vigilance.

En période de vacances, on augmente habituellement un peu la durée de son sommeil. Lorsqu'on est libre d'organiser ses journées (et ses nuits !), on dort généralement une à deux heures de plus qu'en période de travail.

Un sommeil optimal ne peut être obtenu que si vous respectez votre rythme. Repérez vos horaires : avez-vous sommeil quand vous vous couchez, ou au contraire luttez-vous pour ne pas vous coucher « trop tôt » ? Des horaires tardifs ou au contraire précoces vous cataloguent en sujet du soir ou du matin. Néanmoins, il y a ceux qui luttent. Votre sommeil serait-il très différent si vous vous laissiez aller à votre rythme ? Essayez de capter les signaux que vous envoie votre corps : « je vais me coucher quand j'ai sommeil », « je me lève dès que je suis réveillé depuis plus de 20 minutes ». De nombreux sujets du soir font des efforts dans la semaine pour se coucher tôt, avec un coucher avant minuit. Le week-end, la nature reprend le dessus avec un coucher vers 3 ou 4 heures du matin et un réveil très décalé en fin de matinée. Si vous êtes dans ce cas, cela signifie que vous vous efforcez de rester dans une « norme » compatible avec des horaires de travail standard, mais que cela demande un effort régulier à votre organisme. Dans certaines entreprises, les horaires « à la carte » autorisent des décalages. Ces aménagements sont très astucieux. Non seulement ils « arrangent » l'employé, mais l'entreprise y trouve son compte car une personne qui travaille à des horaires en adaptation avec ses horloges internes est beaucoup plus efficace.

> Pour garder un bon sommeil, il est donc primordial de faire confiance à votre corps, écouter les signaux qu'il vous envoie, et prendre votre sommeil comme il vient.

Chapitre 3

Première étape : évitez les erreurs

Nous avons tous expérimenté une mauvaise nuit ! Le plus souvent la cause est évidente : repas trop copieux et trop arrosé, rhume carabiné qui vous réveille toutes les demi-heures à moitié asphyxié, tempête qui menace votre maison alors que vous essayez de dormir dans la chambre située juste sous le toit… Mais parfois, l'insomnie est incompréhensible.

Georges, 35 ans est un grand gaillard, sportif, actif, dynamique qui dort très bien. Un couple d'amis lui propose de partir aux sports d'hiver, en famille. Georges n'a jamais skié, mais ses enfants de 5 et 7 ans ont très envie de découvrir la neige ; il accepte donc le projet avec plaisir. Ils louent un chalet confortable avec une chambre pour chaque couple, et une chambre pour les enfants. La literie est neuve et de bonne qualité. Tout se présente bien. Et pourtant dès la première nuit, insomnie quasi totale ! L'endormissement est difficile, le sommeil qui suit est entrecoupé d'éveils répétés. Il se lève le matin extrêmement fatigué. Ce n'est qu'au cours de la journée qu'il se sentira un peu plus en forme. Le mauvais sommeil a persisté pendant 5 nuits.

Que s'est-il passé ? En fait le chalet était situé à 2 000 mètres dans la montagne. À cette altitude, la teneur en oxygène de l'air est raréfiée, et la pression atmosphérique plus importante. Certaines personnes sont très sensibles à ces modifications et ont besoin d'un temps d'adaptation pour se régulariser. Pendant tout ce temps leur sommeil peut être perturbé. Il faut savoir repérer les causes possibles de mauvais sommeil car l'expérience répétée d'un mauvais sommeil peut conduire à l'insomnie chronique.

Un problème d'environnement

Pensez à l'isolation phonique

Le bruit est catastrophique pour le sommeil, surtout s'il s'agit de bruits inhabituels ou intenses. Lorsque le voisin du dessus organise une soirée, il est préférable de ne pas chercher à dormir au plus fort de la fête. Mais que faire quand le voisin en question est un couche-tard avéré qui multiplie les soirées ? Il n'y a pas de réelle habituation au bruit. Des expériences menées sur des dormeurs habitant près d'un aéroport ont montré que, même en l'absence d'un réveil conscient, le décollage ou l'atterrissage d'un avion entraîne des réactions inconscientes. Le rythme cardiaque du dormeur s'accélère d'une manière inhabituelle comme si le bruit était perçu d'une manière inconsciente.

Évitez les températures extrêmes

La température idéale de la chambre à coucher se situe entre 18 et 22°. En été, elle peut être largement dépassée, en particulier sous certaines latitudes, et dans des chambres mal isolées comme on peut en voir sous les combles. Ces débordements thermiques ont pour effets de rendre l'endormissement laborieux et de favoriser les éveils la nuit. Il en est de même pour un sommeil dans un environnement trop froid. Les explorateurs polaires qui dorment sous des tentes qui les protègent du vent ne peuvent s'endormir que si leur sac de couchage assure une température de 18° près du corps, on parle de « niche thermique ».

Dans la vie courante, il faut penser à ces aspects de régulation thermique pour isoler la chambre, principalement pour éviter les chaleurs excessives. À l'inverse, la température tombe rarement au-dessous de 10° dans une chambre. Les couvertures sont alors suffisantes pour assurer « la niche thermique » indispensable au sommeil.

Contrôlez la luminosité de votre chambre

Une lumière forte gêne l'endormissement et parfois le maintien du sommeil. Les volets nous protègent de la lumière extérieure, mais l'intrusion lumineuse peut venir de l'intérieur de la maison. Si vous avez un conjoint insomniaque qui allume et éteint la lumière plusieurs fois dans la nuit, cela peut considérablement perturber votre sommeil.

Respectez le sommeil des autres

Particulièrement lorsque les conditions de logement sont modestes, le respect du sommeil de l'autre est très difficile. Que ce soit pour ses proches, conjoint et enfants, ou pour son voisin, des rythmes de vie différents peuvent poser un véritable casse-tête dans l'organisation de la vie de chacun pour éviter bruits intempestifs ou lumières trop vives. Ces agressions extérieures ont été à l'origine du « nanisme hypophysaire » décrit chez des enfants d'Amérique du Sud, qui vivaient dans des taudis surpeuplés. Leur sommeil était tellement perturbé par leur environnement qu'ils ne pouvaient atteindre le sommeil profond nécessaire à leur sécrétion d'hormone de croissance.

Surveillez votre literie

Une mauvaise literie perturbe le sommeil le plus robuste. Elle doit être adaptée à chacun : certains aiment les lits durs, d'autres plus moelleux. Il y a les partisans de la couette, et ceux du lit avec draps et couvertures tirés au carré. Peu importe, il n'y a pas d'attitude dogmatique à ce sujet. En revanche, mieux vaut éviter le lit défoncé qui met à rude épreuve votre colonne vertébrale au cours de la nuit. Certains hôtels peu attentifs au confort de leurs clients n'hésitent pas à conserver une literie largement amortie qui transforme votre week-end idyllique en cauchemar pour votre dos.

Des erreurs d'hygiène du sommeil

On peut se préparer une mauvaise nuit uniquement en ayant un comportement inadapté. Pour s'endormir, il faut éviter tout ce qui est éveillant. Évident, n'est-ce pas ? Et pourtant combien de personnes agissent autrement !

Évitez le sport le soir

Lorsqu'on a un emploi du temps bien rempli, quand peut-on faire du sport ? Le soir, bien sûr ! Imaginez un match de tennis à 21 heures, ou un entraînement de squash, ou un quelconque autre sport intense et soutenu. Une fois l'effort terminé, si la personne rentre chez elle pour se coucher comme à son habitude à 23 heures, il y a de fortes chances pour qu'elle ne s'endorme pas immédiatement. La raison en est simple. Le sport a pour effet de relancer les systèmes d'éveil et d'augmenter la température corporelle. Or l'endormissement ne se produit que sur le versant descendant de la courbe de température. Il faudra donc attendre un peu avant d'aller se coucher pour que la température s'abaisse et que la stimulation liée à l'effort s'apaise. Si vous êtes dans cette situation, tout se passera bien dans la mesure où vous serez prêt à repousser votre coucher beaucoup plus tard que d'habitude.

Si vous êtes insomniaque, il faut donc éviter le sport le soir et le réserver au matin ou avant 18 heures.

Attention aux excitants

➤ Boire un café ou dormir, il faut choisir !

Dans nos pays latins, le café est la promesse d'un moment de plaisir, envoûtant et sensuel. Les publicités sont là pour nous le rappeler. En revanche rien n'est jamais signalé sur le sommeil qui va suivre. Sur les paquets de café, il n'est pas écrit : « Attention, ce produit nuit gravement à votre sommeil. » Et pourtant ! Chez un bon dormeur, un excès de café peut induire une nuit agitée. Chez un insomniaque, l'effet est garanti : tension augmentée, anxiété majorée, et donc sommeil encore plus morcelé. Une tasse peut suffire à provoquer ces inconvénients.

Le café augmente la vigilance, ce qui peut être un effet recherché, quand on n'a pas assez dormi, pour lutter contre la somnolence. Une étude menée par une équipe de chercheurs militaires avec de la caféine à libération prolongée montrait que l'effet sur la vigilance est maximal douze à seize heures après la prise. On obtient le même type d'effet si l'on prend plusieurs cafés au cours de la journée car la caféine s'accumule. Attention donc au café, y compris celui du matin si vous êtes insomniaque.

Certaines personnes affirment qu'un café le soir est strictement sans aucun retentissement sur leur sommeil. Bien qu'un effet retardé soit possible, cette pratique est à éviter.

➤ Le thé, le chocolat et les boissons à base de coca

Le thé, le chocolat amer, et les boissons à base de coca, contiennent des bases xanthiques à l'origine de l'effet excitant de la caféine. Néanmoins, pour le chocolat, seule son absorption en quantité très inhabituelle peut entraîner un effet sur le sommeil.

CONTENU EN CAFÉINE DE DIFFÉRENTES BOISSONS	
Café Filtre Percolateur Espresso Instantané Décaféiné	110-150 mg 60-125 mg 30-50 mg 40-105 mg 1-4 mg
Thé	20-100 mg
Chocolat chaud	10 mg
Chocolat au lait	6 mg
Coca-Cola	30-50 mg (Les doses sont indiquées pour une présentation habituelle : une tasse, un verre…)

Vous remarquerez que, contrairement à la croyance populaire, l'espresso est moins chargé en caféine que le café filtre. C'est en effet la durée du contact entre le café et l'eau qui est importante.

➤ Cigarettes et whisky !

La nicotine est un excitant du système nerveux central. Si vous fumez le soir, votre sommeil sera plus léger et morcelé. Donc la cigarette est à éviter avant d'aller au lit, mais aussi dans le lit (en plus c'est dangereux : vous pouvez mettre le feu à vos draps si vous vous endormez en fumant).

L'alcool a également des effets délétères sur le sommeil. À faible dose, il favorise l'endormissement, mais le sommeil qui suit est globalement moins profond. À forte dose, il assomme au coucher, mais ensuite, gare à la nuit. Le sommeil est très agité, entrecoupé d'éveils. Sans compter les autres signes d'intoxication qui ne favorisent pas le sommeil : mal de tête, nausées, vertiges...

Les drogues dures ou douces (haschisch, héroïne, cocaïne, ecstasy et autres cocktails...) sont toutes des psychotropes, c'est-à-dire des substances qui modifient le fonctionnement du cerveau. De ce fait, elles altèrent toutes le sommeil.

Surveillez vos repas

Les repas interfèrent avec le sommeil mais leur influence est beaucoup plus liée à la digestion qu'au contenu des aliments. Ainsi il est illusoire de croire que grâce à certains aliments on va mieux dormir.

➤ Ni trop !

Le repas du soir doit être léger et équilibré.

Vous avez tous le souvenir d'un dîner le soir, festif et arrosé. La soirée a sans doute été sympathique, mais vous avez trop mangé et souvent trop bu. Vous savez très bien ce qui va se passer. Endormissement difficile (comme la digestion !), réveils répétés, lendemain comateux.

Certains plats sont à éviter. Le cassoulet et la choucroute ne facilitent pas la digestion.

Le soir, il faut éviter les sucres rapides (boissons sucrées, desserts copieux) et favoriser une petite quantité de sucres lents (bananes, pâtes, pommes de terre, riz) qui assurent une glycémie stable au cours de la nuit. La viande est à manger en quantité modérée, le poisson est plus digeste. Si vous avez un estomac peu tolérant, évitez les épices comme le piment, l'ail, le gingembre.

➤ Ni trop peu !

À l'inverse, ne pas manger le soir pour mieux dormir est un mauvais calcul.

Se coucher le ventre vide expose à une baisse de glycémie dangereuse pour l'organisme. Il en résulte alors un réveil avec une sensation de faim impérieuse. Les personnes diabétiques doivent être particulièrement attentives à prendre un repas du soir riche en sucres lents pour éviter cette hypoglycémie catastrophique pour elles.

Des rythmes non respectés

Sachez reconnaître votre rythme et le suivre dans la mesure où vous n'avez pas d'obligations qui vous poussent à faire autrement.

Pierre-Yves est informaticien. Il a des difficultés d'endormissement. Il se lève tous les jours de la semaine à 7 heures pour se rendre à son travail. Il se couche tous les soirs vers 22 h 30 pour dormir « ses huit heures ». Ces horaires sont très banals sur le plan professionnel. Malheureusement, il ne s'endort qu'à 1 heure du matin. Avant il tourne et se retourne dans son lit sans succès pour s'endormir. « J'ai bien un coup de pompe vers 21 heures, mais ensuite je suis en pleine forme. Quand je vais me coucher je n'ai pas sommeil. Et pourtant il faut bien que je dorme », se lamente-t-il. C'est pourquoi il prend des somnifères, pas tous les soirs, mais assez souvent quand même.

En fait Pierre-Yves est du soir ! Il adore les soirées qui se prolongent, et tient sans problème jusqu'à 4 heures du matin. Il croyait avoir une insomnie d'endormissement, en fait son sommeil n'est qu'un peu plus tardif que la moyenne. Le savoir lui a permis de trouver un compromis entre ses horaires de sommeil beaucoup trop précoces actuellement et son rythme propre. Maintenant, se couchant plus tard il s'endort plus vite, ne dort que 6 ou 7 heures par nuit, mais ce sont des nuits sans médicament et il se « rattrape un peu le week-end », en dormant plus tard.

Se détendre
et se laisser aller

Pour dormir il faut se détendre et ne plus penser.

Ne plus penser...

Lorsqu'on se couche il est impératif de ne plus relancer les pensées qui viennent à l'esprit. Certaines personnes profitent de ce moment privilégié où l'on est enfin tranquille pour faire le bilan de leur journée et préparer celle du lendemain. C'est une erreur.

Penser est une activité d'éveil.

Si vous souhaitez faire un bilan de la journée, apprenez à le faire avant d'aller au lit. Consacrez-y un petit quart d'heure dans l'heure qui précède votre coucher. Prenez tranquillement votre temps pour vous mettre devant une feuille blanche et faire la liste de ce qui vous préoccupe. Si vous avez des tâches à faire que vous avez peur d'oublier le lendemain, vous pouvez les noter. Le seul fait de les mettre sur papier vous libérera l'esprit, et vous vous coucherez sans arrière-pensées, sans idées qui vous trottent dans la tête.

Se relâcher...

Une tension physique peut vous empêcher de vous endormir. Vos muscles sont noués, tendus, presque douloureux.

Des étirements musculaires, un bain chaud 2 heures avant le coucher vont vous aider à vous relâcher.

Toutes les techniques de relaxation vous aideront à faciliter cette détente physique : technique de Schultz ou Jacobson, yoga, sophrologie... Vous pouvez vous reporter à « La relaxation », p. 172, pour y découvrir quelques exercices.

L'anxiété et l'angoisse

L'angoisse est éveillante.

Toute activité angoissante avant le coucher aura un effet délétère sur votre sommeil. Si vous avez des problèmes avec votre banquier, il vaut mieux éviter de faire vos comptes avant de vous mettre au lit. Votre esprit sera assailli de pensées désagréables qui retarderont votre endormissement, et vous poursuivront ensuite sous formes de rêves d'angoisse.

Donc, dans la mesure du possible, évitez tout ce qui risque de susciter une angoisse ou d'augmenter votre anxiété au moment du coucher.

On peut tous passer une mauvaise nuit !

Mal dormir une nuit est une expérience banale. Pourtant, il y a toujours une petite angoisse sous-jacente. Et si jamais ça recommençait ? Passer une mauvaise nuit laisse une impression désagréable. Le lendemain est toujours pénible et l'on aspire à une bonne nuit réparatrice. Malheureusement, parfois, les mauvaises nuits se succèdent et, même lorsque la cause est évidente, le risque de dérapage vers une insomnie existe en raison d'une réaction inappropriée.

Première étape : évitez les erreurs

> *Marine, 34 ans, vient d'être opérée du genou. La nuit suivant l'intervention, elle est en proie à des douleurs lancinantes malgré les antalgiques. Son sommeil est perturbé et ne survient que par fractions. Le lendemain est dominé par une fatigue et une envie de dormir à laquelle la jeune femme se laisse aller. Cette succession de mauvaises nuits et de journées pénibles se reproduit plusieurs fois. Cependant Marine ne ressent ni angoisse ni crainte. En cas d'éveils nocturnes, la jeune femme s'occupe en écoutant la radio. Elle n'accorde que peu d'importance à ces troubles et est persuadée que tout va bientôt rentrer dans l'ordre. En effet, quelques jours plus tard, elle sort de la clinique, le genou réparé, encore un peu douloureux, mais avec un sommeil parfaitement récupérateur.*

Très différente est la réaction de Béatrice.

> *Âgée de 36 ans, elle a été opérée de la cheville. La douleur importante l'empêche de dormir. Elle réclame un somnifère. Mais le sommeil reste très superficiel et pénible. Le lendemain, alors que la douleur est toujours présente, l'angoisse se met à monter au fur et à mesure que la nuit approche. « Et si je ne dormais pas ? » se dit-elle. Une fois la lumière éteinte, elle prend conscience que tous ses muscles sont tendus, surtout ceux de la jambe opérée. Au bout d'une heure, elle est convaincue qu'elle ne va pas dormir. Des pensées négatives l'assaillent : « Si je ne dors pas, demain je vais avoir de la fièvre, je serai fatiguée, je ne vais pas guérir... » Évidemment, son sommeil est très décousu et fatigant. Les journées et les nuits suivantes ne sont pas plus satisfaisantes. Son sommeil est toujours aussi mauvais malgré la prise d'un hypnotique.*

C'est ainsi que commence une insomnie qui va devenir chronique.

Ces deux exemples montrent combien les réactions qu'on peut avoir conduisent à des évolutions très différentes :
— Dans le premier cas, la banalisation du symptôme insomnie fait qu'elle disparaît avec la cause déclenchante.
— Dans le second cas, le vécu négatif de l'insomnie et sa dramatisation fixent le symptôme qui évolue ensuite indépendamment de la cause déclenchante.

Chapitre 4

Deuxième étape : faites le point

« *Je n'arrive plus à dormir !* » *Panique à bord : les yeux cernés, la voix trémulante, les muscles crispés, la mémoire défaillante, le dos en compote, Virginie est au bord de la crise de nerfs. L'insomnie est devenue sa compagne de toutes les nuits. Elle se sent à bout. Si ça continue « je vais craquer », dit-elle.*

Dans l'insomnie, le risque essentiel est d'entretenir le symptôme par son comportement et par la panique surajoutée. Pour démonter ce cercle infernal, il est nécessaire de mieux comprendre son insomnie et de repérer les causes pouvant l'entretenir.

Pour cela vous allez tout d'abord apprendre à utiliser un outil qui vous permettra de visualiser votre sommeil. Il s'agit d'un agenda un peu particulier qui se remplit tous les matins. Ensuite vous analyserez les habitudes que vous avez dans la soirée, mais aussi au cours de la journée pour dépister tout ce qui peut interférer avec votre sommeil.

Visualisez votre sommeil en tenant un agenda

Qu'est-ce que l'agenda du sommeil ?

L'agenda du sommeil est un relevé, nuit après nuit, des horaires de sommeil. Il sert à noter une foule d'informations sur la qualité du sommeil, la qualité du réveil, la forme dans la journée, l'existence de sieste ou non. D'autres informations peuvent être reportées selon les besoins. Il permet de repérer facilement son rythme de sommeil. Il visualise les difficultés rencontrées. C'est un outil de connaissance de votre sommeil. En cas d'insomnie, il aide à préciser la qualité du sommeil et sa progression sous traitement.

Comment remplir votre agenda du sommeil

Il s'agit plus de reporter une impression de nuit qu'un relevé exact de vos horaires de sommeil.

L'agenda se remplit à deux moments de la journée : le matin au réveil pour décrire le déroulement de la nuit et le soir pour reporter ce qui s'est passé dans la journée.

• Le matin, inscrivez la date : nuit du 5 au 6 juin par exemple.

— Notez le moment où vous vous êtes mis au lit par une flèche vers le bas, même si c'était pour lire ou pour regarder la télévision.

Deuxième étape : faites le point

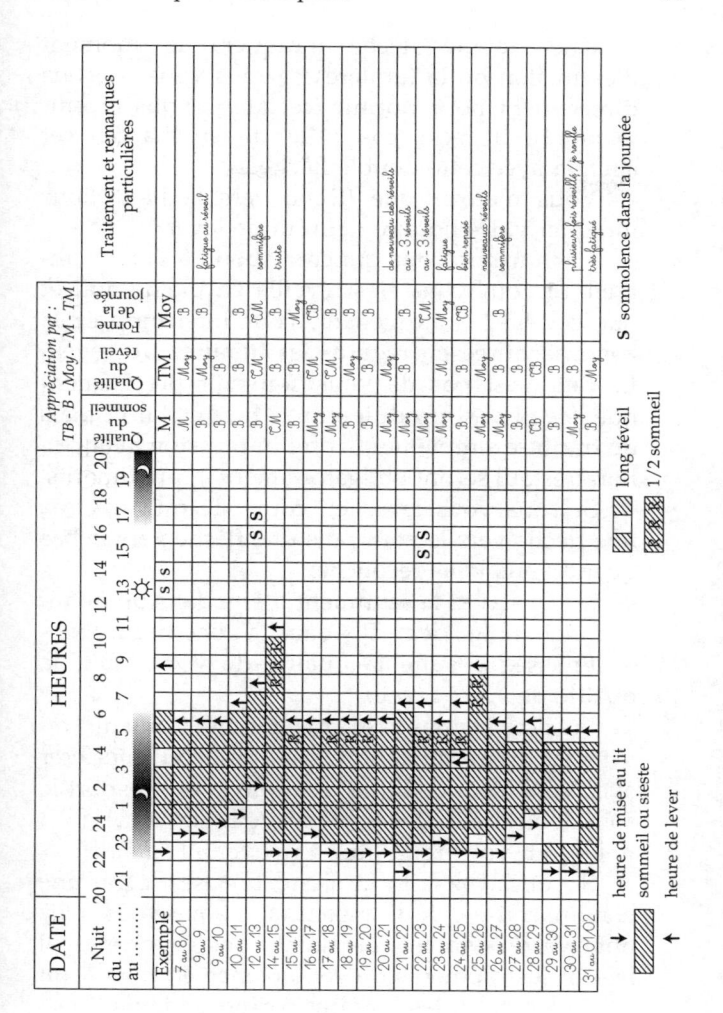

Figure 4 — Agenda du sommeil

— Une double flèche indiquera le moment d'extinction de la lumière : si vous vous couchez directement pour dormir (ce que je vous recommande !), il n'est pas utile de surcharger cet agenda avec cette double flèche.
— Vous mettrez une flèche vers le haut pour indiquer votre horaire définitif de lever.
— Hachurez la zone qui correspond à votre sommeil. Si vous vous êtes réveillé en pleine nuit et que cet éveil a été gênant, vous interromprez la zone hachurée en regard des horaires du réveil. Le but n'est pas de vous souvenir précisément que l'éveil s'est produit entre 3 h 17 et 4 h 12 mais de traduire simplement votre impression avec des horaires qui seront obligatoirement approximatifs.
— Si vous vous levez en cours de nuit, mettez une flèche vers le haut puis une flèche vers le bas quand vous vous recouchez.
— Si vous avez le sentiment d'être dans un demi-sommeil, notez des « R » dans la zone hachurée.
— Précisez ensuite la qualité de votre nuit, la qualité de votre réveil.
— Précisez si vous avez pris des médicaments, ou s'il s'est passé quelque chose qui a pu interférer avec votre sommeil (par exemple faire du sport le soir, avoir mal à la tête, avoir de la fièvre…).
• Le soir, vous remplirez à nouveau l'agenda :
— Si vous avez fait une sieste, précisez-le par une zone hachurée, de la même façon que vous avez noté votre sommeil de nuit. Vous reporterez si besoin les moments de somnolence en notant un « S » en regard des horaires correspondants.
— Enfin, vous apprécierez votre forme globale dans la journée.

— Vous remplirez cet agenda pendant 3 semaines minimum. S'il vous est possible de le remplir à la fois sur une période de travail et une période de vacances, vous aurez beaucoup plus d'informations.

Interprétez votre agenda

L'agenda vous permet de visualiser l'organisation de vos nuits et la régularité de vos habitudes. Il vous permet de calculer le temps que vous mettez pour vous endormir et l'efficience de votre sommeil.

• Êtes-vous régulier dans vos horaires de coucher et de lever ? Habituellement, les horaires doivent se situer dans une tranche régulière. De trop grandes différences horaires au moment du coucher ou du lever perturbent nos horloges internes. Si c'est le cas, demandez-vous pourquoi. Si les variations ne se font que le week-end, il se peut que le rythme qui vous est imposé par votre travail ne soit vraiment pas en rapport avec votre rythme propre. (voir p. 38, « Du soir ou du matin ? »).

• Vous pouvez calculer votre *délai d'endormissement*. Il suffit de mesurer le temps écoulé entre le moment d'extinction de la lumière et l'horaire du début du sommeil. Un bon dormeur s'endort en une demi-heure ou moins.

• *L'efficience de votre sommeil* est égale au rapport entre le temps de sommeil et le temps passé au lit. Chez un bon dormeur elle est de l'ordre de 95 % : le bon dormeur se met au lit, s'endort, se réveille, et se lève !

• Étudiez votre agenda nuit après nuit, vous pourrez prendre conscience du lien qui existe entre votre sommeil et certaines activités ou comportements.

Madame D., responsable du secteur comptabilité d'une PME, se plaint d'une insomnie. Elle a rempli un agenda pendant 3 semaines. Lors de la consultation, elle prend conscience que tous les dimanches soir elle a des difficultés majeures d'endormissement. Elle est en fait très préoccupée par son travail. Son agenda lui a permis de visualiser que son insomnie est directement liée à son anxiété à l'idée de reprendre son travail le lendemain.

Vous pouvez aussi vous rendre compte de l'effet d'une habitude qui vous semble très anodine. Par exemple, faire du sport le soir ne vous pose apparemment pas de problème. Pourtant, si vous notez bien les soirs où vous faites du sport, vous allez peut-être découvrir que vos difficultés de sommeil s'accentuent précisément ces soirs-là. Vous pourrez vous faire la même remarque lorsque vous prendrez des boissons alcoolisées ou du café.

Analysez votre insomnie

Aidez-vous de l'agenda pour mieux comprendre votre insomnie.

Il est nécessaire de le remplir au moins 3 semaines pour bien visualiser vos rythmes et vos habitudes du week-end.

— Vous avez des problèmes d'endormissement si vous mettez plus d'une demi-heure pour vous endormir. Ils sont gênants pour votre sommeil s'ils se répètent plus de 3 fois par semaine.
— Vous avez des difficultés de maintien du sommeil si au cours de la nuit vous vous réveillez souvent (plus de 3 fois) ou longtemps (plus d'une heure). Vous pouvez également avoir l'impression d'un demi-sommeil tout au long de la nuit (ne dormir que d'un œil !).
— Vous avez des réveils précoces si, en fin de nuit, votre sommeil est systématiquement (ou plus de 3 fois par semaine) entrecoupé d'éveils et que vous avez l'impression de ne pas vous rendormir.

Vous avez vraiment une insomnie car votre sommeil est perturbé à un moment donné de la nuit par des difficultés d'endormissement, des éveils inopinés ou des réveils précoces. Ou bien vous n'avez jamais la sensation de sombrer dans le sommeil. Dans tous les cas vous ressentez dans la journée une fatigue, ou des troubles que vous liez à votre insomnie. Ce retentissement sur la qualité de la journée est primordial pour parler d'insomnie.

En effet, si vous avez un sommeil entrecoupé tout en gardant une excellente forme le lendemain, vous ne faites pas partie des insomniaques mais des petits dormeurs qui ont la chance d'être en forme avec très peu de sommeil !

Repérez ce qui modifie votre sommeil

Faites votre évaluation

	OUI	NON
JUSTE AVANT LE COUCHER		
Vous sentez-vous inquiet, tendu ?		
Êtes-vous convaincu que vous n'allez pas dormir ?		
Vous n'avez pas eu le temps de vous accorder un moment de détente ?		
DANS LE LIT		
Lisez-vous ?		
Regardez-vous la télé ?		
Vous sentez-vous tendu ?		
Votre cœur bat-il trop vite ?		
Vous n'avez pas (plus) sommeil ?		

Si vous avez répondu « Oui » à l'une des questions, vous allez vous coucher dans des conditions qui ne sont pas propices au sommeil.

Un bon dormeur peut faire pratiquement ce qu'il veut avec son sommeil. Malheureusement, ce n'est pas le cas d'un insomniaque, qui doit modifier ses habitudes.

Repérez les causes déclenchantes

• Lorsque vous remplissez votre agenda, profitez-en pour faire un bilan de votre journée :

— Votre journée a-t-elle été stressante ? Avez-vous eu un conflit avec votre patron ou votre conjoint ? Votre petite amie vient-elle de vous annoncer qu'elle rompait ? Le listing des choses contrariantes, voire très pénibles que vous risquez d'affronter dans une journée est loin d'être exhaustif. À vous de rechercher ce qui peut augmenter votre tension ou votre anxiété.

— Avez-vous fait du sport, et si oui, à quelle heure ? Il peut y avoir un lien entre vos difficultés pour vous endormir et une séance de sport énergique en fin d'après-midi ou dans la soirée.

— Avez-vous bu du café, du thé, ou de l'alcool, en particulier lorsque c'est plus que d'habitude ?

— Pour les femmes, la période des règles (avant, pendant, après) peut provoquer des insomnies périodiques.

• Votre insomnie apparaît-elle (ou est-elle plus marquée) un jour particulier ? L'insomnie du dimanche soir est fréquente chez de nombreuses personnes. En effet, que se passe-t-il souvent le week-end ? Le samedi soir est habituellement un soir de sortie. De fait, le coucher est plus tardif. Il s'ensuit un réveil le dimanche matin un peu retardé dans la matinée, voire franchement plus tardif chez certains. Comme le lundi est un jour de travail avec obligation de se lever tôt, la personne cherche à se coucher à son heure habituelle, soit entre 22 heures et minuit. Cet enchaînement d'événements apparemment banals entraîne 3 conséquences :

1. Les horloges internes sont décalées par la sortie du samedi.

2. Il y a moins de fabrication de substances hypnogènes, car la durée d'éveil entre le lever et le coucher est diminuée.

3. Au final, vous avez bien du mal à vous endormir le dimanche soir. Le week-end est plus fatigant que reposant !

- En cours de nuit, vous pouvez noter des événements particuliers tels que des éveils survenant régulièrement après un rêve ou un cauchemar.

Observez ce qui améliore votre sommeil

Il y a quand même des nuits où vous dormez mieux.

Intéressez-vous particulièrement à ces nuits. Elles vous apprendront beaucoup.

- Certains dorment mieux en début de semaine, et nettement moins bien le jeudi et le vendredi car ils sont de plus en plus tendus au travail.

- D'autres dorment mieux ailleurs que chez eux, même, et surtout, pour un week-end. Le changement de cadre leur réussit. Une de mes patientes âgée de 32 ans dormait systématiquement mieux quand elle allait dormir chez sa mère à la campagne. Dans ce cas particulier, ce n'était pas la campagne qui avait cet effet, mais la présence de sa mère qui sécurisait la jeune femme.

En règle générale, tout ce qui rassure, détend, fait plaisir (sans excitation excessive) favorise le sommeil. Les vacances sont souvent une période de meilleur sommeil. Encore faut-il attendre quelques jours pour que la coupure d'avec les préoccupations habituelles se fasse sentir. Vous remarquerez que plus la fin des vacances approche, plus la tension monte, et plus le sommeil a tendance à se déstructurer.

Évaluez les conséquences de l'insomnie

L'insomnie entraîne des conséquences sur la journée. La plainte la plus courante est la fatigue. Elle n'est pas toujours très facile à différencier de la somnolence qui traduit une lutte contre l'envie de dormir.

Votre caractère est souvent modifié après une mauvaise nuit. Vous vous sentez plus irritable, plus intolérant, plus réactif aux propos des autres. Vous avez l'impression d'être moins performant, avec une mémoire défaillante. Sachez cependant que les études portant sur les performances intellectuelles des insomniaques sont très rassurantes : il n'y a pas ou peu de retentissement objectif de l'insomnie sur les différents tests pratiqués dans la journée.

Êtes-vous fatigué(e) ?

La fatigue ressentie après une nuit d'insomnie est très variable selon les personnes. Vous pouvez ressentir des coups de barre à certains moments de la journée. En revanche, une fatigue importante, régulière, dès le matin, est inhabituelle. Elle est rare dans l'insomnie chronique dite « primaire » alors qu'elle est fréquente en cas d'insomnie secondaire. Se sentir complètement vidé, épuisé, après une nuit de sommeil est très évocateur soit d'une dépression, soit d'apnées, ou encore de mouvements périodiques nocturnes.

L'échelle d'évaluation de la fatigue[1] vous aidera à différencier la fatigue de la somnolence, ce qui n'est pas toujours évident.

Parmi les propositions suivantes déterminez celles qui correspondent le mieux à votre état.

Donnez-vous une note comprise entre 0 = pas du tout et 4 = extrêmement.

Je manque d'énergie	
Tout demande un effort	
Je me sens faible à certains endroits du corps	
J'ai les bras ou les jambes lourdes	
Je me sens fatigué(e) sans raison	
J'ai envie de m'allonger pour me reposer	
J'ai du mal à me concentrer	
Je me sens fatigué(e), lourd(e) et raide	
Score total	

Un score supérieur ou égal à 20 est considéré comme pathologique.

---

1. Échelle mise au point par le Professeur P. Pichot.

Si c'est votre cas, vous êtes fatigué. Pour autant il est difficile de faire un lien de cause à effet entre votre sommeil et cette fatigue. D'autres causes de fatigue existent, notamment une anémie, une hypothyroïdie, une mononucléose. Mais seul un bilan médical pourra vous aider à faire la part des choses. Donc pas de conclusion hâtive.

Êtes-vous somnolent(e) ?

Vous passez votre journée à lutter contre une envie quasi irrésistible de dormir, vos amis se moquent de vous parce que vous vous endormez à table ou au cinéma, votre conjoint panique quand vous conduisez car il voit vos paupières qui clignotent pour tenter de garder désespérément les yeux ouverts.

Vous êtes somnolent ! Et ce n'est pas normal. La cause ? Votre insomnie ? Peut-être, mais le plus souvent, ce n'est pas l'insomnie banale, primaire, mais une insomnie plus complexe, secondaire à une pathologie qu'il faut rechercher.

Se reconnaître somnolent n'est pas facile. L'échelle de somnolence[2] vous permettra de le faire. Elle précise l'intensité de votre somnolence dans des situations relativement usuelles. Aussi, si vous n'avez pas été récemment dans l'une de ces situations, essayez d'imaginer comment cette situation aurait pu vous affecter.

Pour répondre, utilisez l'échelle suivante en entourant le chiffre le plus approprié pour chaque situation :

---

2. L'échelle de somnolence a été mise au point au centre hospitalier d'Epworth aux États-Unis.

0 = je ne somnolerais jamais ; 1 = faible probabilité de m'endormir ; 2 = probabilité moyenne de m'endormir ; 3 = forte probabilité de m'endormir.

SITUATION	PROBABILITÉ DE M'ENDORMIR
Assis en train de lire	0 1 2 3
En train de regarder la télévision	0 1 2 3
Assis, inactif dans un lieu public (cinéma, théâtre, réunion)	0 1 2 3
Comme passager d'une voiture (ou transport en commun) roulant sans arrêt pendant une heure	0 1 2 3
Allongé l'après-midi lorsque les circonstances le permettent	0 1 2 3
Assis en parlant avec quelqu'un	0 1 2 3
Assis au calme après un déjeuner sans alcool	0 1 2 3
Dans une voiture immobilisée depuis quelques minutes	0 1 2 3
Total	

— Si vous avez un score inférieur à 11, vous avez une somnolence normale.
— Entre 11 et 16, votre somnolence est modérée.
— À partir de 16, vous êtes franchement somnolent. En voiture vous êtes dangereux ! Il faut comprendre d'où vient cette somnolence. L'avis d'un spécialiste et une exploration de votre sommeil sont indispensables.

Recherchez une cause

Nous avons repéré les événements ou les situations qui déstructurent votre sommeil, mais il peut y avoir des pathologies associées qui sont de grandes pourvoyeuses d'insomnie. Le plus souvent il s'agit de causes psychologiques telles que le stress, la dépression ou l'anxiété. Pour ce qui est de l'anxiété, il ne s'agit pas des moments d'anxiété que chacun peut connaître à l'occasion d'événements de la vie, mais d'une anxiété pathologique plus profondément ancrée à la personnalité. Des troubles organiques sont également à l'origine de certaines insomnies. Vous pouvez évaluer ces différents aspects grâce aux tests qui vont suivre, et à quelques questions posées à votre conjoint ou à votre entourage proche.

Êtes-vous stressé(e) ?

Alors que l'arrivée des 35 heures nous promet une ouverture vers le temps libre, les loisirs, et le plaisir de vivre, il est paradoxal de constater que le stress de nos concitoyens augmente, et pas seulement chez les cadres supérieurs ou les créateurs de start-up !

Les événements de vie, positifs ou négatifs, sont des facteurs de stress car ils demandent une adaptation de l'individu. À certaines périodes de la vie, les changements de statut, les deuils ou les maladies (qui vous touchent ou atteignent vos proches) se télescopent, entraînant une remise en question en profondeur de tout l'équilibre de votre vie.

L'échelle suivante[3] est utilisée pour calculer la quantité d'événements stressants et déterminer la probabilité que votre santé soit affectée au cours de l'année qui vient par tous les événements de votre vie :

Ne tenez compte que des événements qui se sont produits au cours des 24 derniers mois.

Entre parenthèses, vous trouvez le score attribué à la réponse.

Le score total est calculé en additionnant tous les scores des réponses que vous avez cochées.

	Décès du conjoint (100)
	Divorce (73)
	Séparation (65)
	Séjour en prison (63)
	Décès d'un proche parent (63)
	Maladies ou blessures personnelles (53)
	Mariage (50)
	Perte d'emploi (47)
	Réconciliation avec le conjoint (45)
	Retraite (45)
	Modification de l'état de santé d'un membre de la famille (44)
	Grossesse (40)
	Difficultés sexuelles (39)
	Ajout d'un membre dans la famille (39)
	Changement dans la vie professionnelle (39)

---

3. Échelle de Holmes et Rahe, chercheurs américains.

	Modification de la situation financière (38)
	Mort d'un ami proche (37)
	Changement de carrière (36)
	Modification du nombre de disputes avec le conjoint (35)
	Hypothèque supérieure à un an de salaire (31)
	Saisie d'hypothèque ou de prêt (30)
	Modification de ses responsabilités professionnelles (29)
	Départ de l'un des enfants (29)
	Problème avec les beaux-parents (29)
	Succès personnel éclatant (28)
	Début ou fin d'emploi du conjoint (26)
	Première ou dernière année d'études (26)
	Modification de ses conditions de vie (25)
	Changements dans ses habitudes personnelles (24)
	Difficultés avec son patron (23)
	Modification des heures et des conditions de travail (20)
	Changement de domicile (20)
	Changement d'école (20)
	Changement du type ou de la quantité de loisirs (19)
	Modification des activités religieuses (19)
	Modification des activités sociales (18)
	Hypothèque ou prêt inférieur à un an de salaire (17)

	Modification des habitudes de sommeil (16)
	Modification du nombre de réunions familiales (15)
	Modification des habitudes alimentaires (15)
	Voyage ou vacances (13)
	Noël (12)
	Infractions mineures à la loi (11)
	Total
	SCORE TOTAL

En dessous de 150 : risque de stress modéré.
Entre 150 et 300 : risque de stress élevé.
Supérieur à 300 : risque de stress très élevé.

Si d'autres événements ou situations stressantes se sont produits au cours des 24 derniers mois, notez-les en leur accordant une valeur identique à celle d'événements comparables (ex : grève et modification des conditions de vie, conflit avec des collègues de travail et problèmes avec les beaux-parents, etc.). Vous ajouterez leur valeur à celle du total de vos points.

D'autres facteurs interviennent dans la genèse du stress. Le sentiment d'être débordé par l'incapacité à faire tout ce qu'il y a à faire dans un temps rétréci est à l'origine d'un stress.

Néanmoins, si la situation stressante s'accompagne de résultats satisfaisants : réussite ou reconnaissance professionnelle, progression d'une carrière politique, résultats sportifs encourageants…, le stress peut être très positif car il agit comme un moteur qui pousse l'individu vers l'avant.

En revanche, dès que la situation stressante n'entraîne plus cette compensation positive, que des

> **APPRENEZ À RECONNAÎTRE VOTRE STRESS**
>
> — Vous vous sentez toujours débordé(e).
> — Vous n'êtes jamais prêt(e) à temps et vous avez besoin d'un temps supplémentaire pour rendre vos rapports, pour organiser des réunions…
> — Vous êtes impatient(e) en société.
> — Vous vous sentez tendu(e).
> — Vous avez du mal à prévoir des moments de détente et des activités avec votre famille ou avec vos amis.

> **ATTENTION, IL S'AGIT
> D'UN MAUVAIS STRESS SI :**
>
> — Vous ne retirez que peu ou pas de satisfaction de vos activités stressantes.
> — Vous êtes de plus en plus irritable.
> — Vous avez régulièrement (c'est-à-dire plus de 3 fois par semaine) des insomnies, des maux de ventre, des migraines.
> — Vous avez des troubles cardiaques (tachycardie, angine de poitrine, infarctus).

conflits apparaissent, le stress devient alors un mauvais stress, destructeur pour l'individu.

L'insomnie, des maux de tête, des colites, des maladies cardiaques en résultent.

Donc veillez, autant que possible, à avoir un peu de stress, mais pas trop, ou pas trop longtemps.

Seriez-vous deprimé(e) ?

S'avouer qu'on est déprimé est toujours difficile pour deux raisons :

— Une difficulté diagnostique : on ne s'aperçoit pas forcément que les problèmes qu'on a sont d'ordre dépressif.

— Un tabou social : on a du mal à admettre ce diagnostic car la dépression renvoie une image négative de faiblesse.

Certains signes permettent de la repérer : difficultés à faire les choses de tous les jours, obligation de se forcer pour tout y compris les choses agréables, perte des plaisirs de la vie. Les symptômes de la dépression sont insidieux et ils s'installent en vous sans que vous le réalisiez.

Ce petit test[4] vous aidera à en repérer les signes.

Mettez une croix dans la colonne correspondant à votre réponse.

Un conseil : ne trichez pas, remplissez le questionnaire rapidement et le plus spontanément possible.

	VRAI	FAUX
En ce moment, ma vie me semble vide		
J'ai du mal à me débarrasser des mauvaises pensées qui me passent par la tête		
Je suis sans énergie		

---

4. Échelle de dépression mise au point par P. Pichot et J.-P. Brun, « Questionnaire bref d'autoévaluation des dimensions dépressive, asthénique et anxieuse », *Ann. Medico-Psychol.*, 1984, 142, p. 862-865.

	VRAI	FAUX
Je me sens bloqué(e) ou empêché(e) devant la moindre chose à faire		
Je suis déçu(e) et dégoûté(e) par moi-même		
Je suis obligé(e) de me forcer pour faire quoi que ce soit		
J'ai du mal à faire les choses que j'avais l'habitude de faire		
En ce moment, je suis triste		
J'ai l'esprit moins clair que d'habitude		
J'aime moins qu'avant faire les choses qui me plaisent et m'intéressent		
Ma mémoire me semble moins bonne que d'habitude		
Je suis sans espoir pour l'avenir		
En ce moment, je me sens moins heureux(se) que la plupart des gens		
Score = nombre de réponses « Vrai »		

Si votre score est inférieur à 7, vous n'êtes pas déprimé, ou vous avez un peu triché. En revanche, si vous avez un score supérieur ou égal à 7, vous avez une dépression active qui contribue à déstructurer votre sommeil. Les conseils qui vont suivre vous aideront, mais pour vraiment aller mieux, il faudra également traiter votre dépression. Parlez-en à votre médecin, et n'hésitez pas à consulter un psychiatre, c'est un spécialiste qui vous aidera à comprendre ce qui se passe en vous. Il vous conseillera éventuellement un traitement médicamenteux qui vous soulagera. La dépression est une maladie pour laquelle nous disposons aujourd'hui de traitements efficaces.

Êtes-vous trop anxieux(se) ?

La peur de ne pas dormir accentue les difficultés de sommeil et il est extrêmement banal pour l'insomniaque de ressentir de l'anxiété quand il se couche, ou quand il n'arrive pas à dormir. Mais il y a des formes d'anxiété qui sont rattachées à des pathologies qui, comme la dépression, s'accompagnent d'insomnie. Testez votre tendance à l'anxiété en répondant aux questions suivantes :

	VRAI	FAUX
Vous sentez-vous souvent tendu(e), nerveux(se) ?		
Ressentez-vous souvent de l'inquiétude ?		
Êtes-vous souvent irritable ?		
Avez-vous habituellement des difficultés pour vous détendre ?		
Avez-vous souvent des maux de tête, des douleurs cervicales ou mal au dos ?		

Ressentez-vous souvent l'une ou plusieurs des manifestations suivantes : tremblement, fourmillements, sensations de déséquilibre, sueurs, envie fréquentes d'uriner, boule dans la gorge, oppression thoracique, sensation de ballonnement, diarrhée ?		
Êtes-vous inquiet(e) pour votre santé ?		
Score = nombre de réponses « Vrai »		

Ces questions font référence à un état quasi permanent et non pas à un état occasionnel.

Si vous avez répondu « Oui » à 3 questions ou plus du questionnaire, vous avez une anxiété qui est un réel handicap et qu'il faudra traiter en même temps que votre insomnie.

Une technique comme la relaxation pourra vous aider à mieux contrôler la tension qui accompagne souvent l'anxiété. Néanmoins, si cette dernière est trop importante, il faudra faire appel à un spécialiste pour comprendre d'où elle vient, quelle maladie ou quel événement la déclenche. L'anxiété comme la dépression se traite. Encore faut-il ne pas hésiter à consulter un psychiatre.

Avez-vous des troubles associés à votre sommeil ?

Pour en avoir une idée, interrogez votre conjoint ou votre partenaire : ce sont des témoins de votre sommeil qui pourront vous aider à suspecter certains troubles associés au sommeil.

Demandez-leur de vous consacrer cinq minutes pour répondre à quelques questions. Les anomalies notées doivent être régulières, c'est-à-dire survenir plusieurs fois par semaine, et non pas exceptionnelles.

	OUI	NON
Est-ce que je ronfle ?		
Est-ce que ma respiration est irrégulière avec des arrêts respiratoires ?		
Est-ce que je suis très agité(e) en dormant ?		
Est-ce que j'agite beaucoup les jambes avec des saccades régulières des pieds ?		
Est-ce que je parle ou crie en dormant ?		

Si vous avez répondu « Oui » à une ou plusieurs questions, votre insomnie n'est pas une insomnie simple. Elle est peut-être le signe d'une pathologie associée.

Le ronflement, les apnées du sommeil, les mouvements périodiques des jambes sont des troubles qui peuvent perturber le sommeil et s'accompagner d'une insomnie. Néanmoins, ils bénéficient d'un traitement particulier. L'avis de votre médecin traitant, suivi éventuellement de celui d'un spécialiste est indispensable dans ces cas (voir le chapitre « L'aide des professionnels », p. 129).

Respectez-vous votre rythme ?

➤ Votre rythme propre

Vous avez repéré votre rythme de sommeil (voir « Observez-vous », p. 38), mais le respectez-vous bien ? Votre insomnie peut résulter, ou être accentuée par le désir de vivre à un rythme qui n'est pas le vôtre.

Évitez les cassures de rythmes : un soir je me couche très tard, le lendemain je me couche tôt ! Vos horloges internes ne peuvent pas suivre de telles variations. L'irrégularité des horaires entraîne une cacophonie dans l'apparition des signaux de sommeil, et vous ne pourrez plus vous fier à eux pour trouver votre sommeil.

Donc une fois que vous avez repéré votre rythme de sommeil, essayez de vous coucher et de vous lever à des heures régulières.

➤ Le rythme imposé par votre travail ou votre activité

Certaines professions comme le travail de nuit ou à horaires décalés entraînent des ruptures de rythmes qui ne sont pas naturelles à l'organisme.

Les variations de rythmes imposées sont mieux supportées quand on est jeune. Encore faut-il que le sens du décalage vous convienne. Si vous êtes du soir, vous supporterez mieux un poste qui se terminera vers minuit ou 3 heures du matin. Mais à l'inverse des sujets du matin, vous aurez du mal à vous lever tôt pour être au travail à 5 heures du matin.

Si vous êtes petit dormeur, vous aurez plus de facilités pour vous adapter. Certains secteurs professionnels imposent à leurs salariés des horaires décalés alternants. Une semaine, vous êtes sur le pont à 5 heures, la semaine suivante vous restez au travail jusqu'à minuit. Cette alternance est très pénible. Elle ne convient ni à ceux du soir, ni à ceux du matin !

En cas d'intolérance au travail décalé, ces ruptures de rythmes conduisent à une insomnie. Si aucune mesure d'aménagement du travail n'est prise, l'insomnie est sévère et il y a un risque de dépression non négligeable.

Le cercle vicieux de l'insomnie

Le problème de l'insomnie, c'est qu'elle s'auto-entretient.

L'élément le plus important dans la création de ce cercle vicieux est l'anxiété de performance. Se mettre en demeure de dormir est la chose la pire pour le sommeil. Plus on « veut » dormir, moins on le peut.

Un chercheur canadien, Charles Morin, a très bien identifié les différentes phases : mes croyances et mon attitude par rapport au sommeil au cours de la soirée vont avoir deux conséquences :

— l'une directe : plus je cherche volontairement à dormir plus je renforce l'insomnie,

— l'autre indirecte, avec l'instauration de mauvaises habitudes : je me couche plus tôt pour essayer de « gagner » du sommeil, je me mets au lit pour me reposer tout en faisant tout autre chose que dormir.

J'instaure ainsi de mauvaises habitudes qui aggravent l'insomnie.

Plus je dors mal, plus je suis fatigué dans la journée. Je suis mal dans ma peau, je me sens tendu, nerveux.

De ce fait, quand je vais me coucher, je suis crispé, inquiet : « Est-ce que je vais m'endormir ? » Cette situation génère un état psychologique de tension qui s'accompagne d'une activation générale du corps (tachycardie, tension musculaire…) et de l'esprit (idées négatives par rapport au sommeil), et la boucle est bouclée.

Le simple fait de se mettre au lit génère tout ce cercle vicieux…

Le cercle vicieux de l'insomnie

CROYANCES/ATTITUDES

« Je manque de sommeil »
« Il faut que je dorme avant minuit »
« La journée de demain va être épouvantable »
« Si je dormais mieux, tout irait bien »

ACTIVATIONS

Anxiété au moment du coucher
Cœur qui bat trop vite
Sensation de tension

INSOMNIE

MAUVAISES HABITUDES

Passe trop de temps au lit
A des horaires irréguliers
Fait la sieste dans la journée
Lit, regarde la télé, mange au lit
Prend des somnifères

CONSÉQUENCES

Fatigue
Diminution des performances
Perturbation de l'humeur
Mal-être social

D'après Charles Morin.

Utilisez-vous des médicaments ?

Un peu moins de 10 % de la population française consomme régulièrement des somnifères. Quelles sont vos habitudes ?

Quels médicaments ?

Différents types de médicaments pour dormir sont utilisés. Il y a ceux prescrits par votre médecin qui font partie des somnifères ou des anxiolytiques. Il y a ceux que vous achetez directement en pharmacie, que ce soient des produits allopathiques en vente libre, ou des produits phytothérapiques. Mais il y a aussi ceux que vous « empruntez » à votre copain, à votre femme, à votre mère… Sachez que ce ne sont pas des produits anodins. Le fait de prendre régulièrement quelque chose pour dormir peut conduire à une accoutumance. Une réflexion s'impose par rapport à ce geste quasi automatique.

LES MÉDICAMENTS ALLOPATHIQUES UTILISÉS POUR DORMIR

Les benzodiazépines ou apparentés :
Havlane, Halcion, Imovane, Mogadon, Noctamide, Noctirex, Noctran (associé à un antihistaminique), Normison, Rohypnol, Stilnox… qui sont classés dans les *somnifères*.
Lexomil, Nordaz, Séresta, Témesta, Tranxène, Urbanyl, Valium, Xanax… qui sont classés comme *anxiolytiques*.

Les antihistaminiques (c'est-à-dire des antiallergiques) utilisés comme somnifères : Donormyl, Phénergan, Théralène…
Autres anxiolytiques : Atarax, Buspar, Equanil…
Les neuroleptiques qui sont des sédatifs puissants : Melleril, Tercian, Nozinan, Neuleptil…

PHYTOTHÉRAPIE ET HOMÉOPATHIE
Euphytose, Passiflorine, Phytocalm, Sympathyl, Sympavagol, Tranquital, Valériane… *La passiflore et la valériane existent en gélules et en tisanes.*
L 72, Passiflora, Sédatif PC…

Trop de médicaments ?

Un petit test vous permettra de prendre conscience de l'importance de vos habitudes en ce qui concerne la prise de médicaments ou de substances pour dormir.

Le tableau ci-après classe les produits et médicaments du plus anodin au plus sérieux, par rapport au risque d'accoutumance ou de dépendance.

Dans la colonne de gauche sont cités les produits qui sont pris avant le coucher. Dans la colonne de droite vous trouverez un index qualifiant l'importance de vos habitudes allant du plus « bénin » (0 ou +) au plus « sérieux » (++++).

Repérez les produits que vous prenez et le risque de dépendance correspondant.

Résultats :

QUEL(S) PRODUIT(S) PRENEZ-VOUS LE SOIR AVANT LE COUCHER ?	RISQUE DE DÉPENDANCE
Tisanes uniquement	0 ou +
Homéopathie et/ou phytothérapie uniquement	0 ou +
Somnifère ou anxiolytique occasionnel (1 à 2 fois/semaine)	+
Somnifère *ou* anxiolytique (5 jours sur 7)	++
Somnifère *ou* anxiolytique (tous les soirs)	+++
Somnifère *et* anxiolytique (tous les soirs) Ou association de 2 somnifères	++++

• Si vous avez ++++, attention, vous prenez trop de médicaments. Vous les prenez peut-être pour oublier une vie difficile ou pour calmer une angoisse importante. Sachez cependant qu'à ce dosage ils procurent un sommeil complètement artificiel qui n'a plus rien de récupérateur.

• Si vous avez +++, vous êtes un consommateur régulier, mais vous pouvez progresser vers une prise discontinue.

• Si vous prenez des tisanes, de l'homéopathie ou de la phytothérapie, ce sont des produits qui vous rassurent, qui rentrent dans les processus de rituels nécessaires au sommeil. Néanmoins, ils ne sont pas indispensables à votre sommeil. Vous pouvez trouver en vous les ressources d'un bon endormissement en reprenant confiance dans vos mécanismes de sommeil.

• Si vous prenez des somnifères d'une manière discontinue, interrogez-vous : pourquoi en avez-vous pris certaines nuits et pas d'autres ? Notez sur l'agenda la qualité de vos nuits. Vous serez surpris de constater que les meilleures nuits ne sont pas obligatoirement celles avec médicaments.

Une place particulière pour les antidépresseurs

Dans certaines insomnies, plus particulièrement celles qui s'accompagnent d'éveils dans la nuit ou de réveils précoces, des antidépresseurs sont prescrits alors qu'il n'y a pas de dépression déclarée. D'ailleurs, ils sont efficaces pour des dosages de l'ordre du quart ou du dixième des doses utilisées dans la dépression.

Leurs effets favorables sur le sommeil ont été observés par les cliniciens mais il n'y a pas de consensus sur leur utilisation. En particulier, on ne sait pas expliquer pourquoi ils sont efficaces. Y a-t-il des mécanismes communs entre certaines insomnies et la dépression ? Certaines insomnies sont-elles en réalité le signe annonciateur d'une dépression qui ne surviendra que plusieurs années après ? Ce sont des questions pour lesquelles nous n'avons actuellement pas les réponses.

Parmi les produits les plus utilisés, nous citerons : le Laroxyl, l'Athymil, le Quitaxon, le Déroxat, le Norset, et plus généralement tous les antidépresseurs dit « sédatifs ».

Ils ont l'intérêt de ne pas provoquer l'accoutumance et la dépendance décrites sous somnifères. En particulier, il n'y a pas d'augmentation des doses utilisées.

Êtes-vous accro ?

Si vous prenez des somnifères tous les soirs, et en particulier des médicaments allopathiques, vous êtes peut-être dépendant à votre traitement.

La dépendance aux médicaments se traduit par une incapacité à se passer du médicament. Mais attention, il est tout à fait normal d'avoir un syndrome de sevrage à l'arrêt brutal d'un somnifère. Ce sevrage se traduit par un rebond d'insomnie tout à fait caractéristique. Il s'accompagne habituellement d'un rebond d'anxiété, et parfois d'irritabilité ou d'un mal-être général. Cela signifie simplement que le produit est actif. Il agit sur des récepteurs intra-cérébraux qui ont besoin de « leur dose » pour fonctionner. On parle d'accoutumance.

**VOUS N'ÊTES PAS DÉPENDANT(E)
AUX SOMNIFÈRES SI :**

— Vous prenez un traitement discontinu.
— Vous arrêtez le traitement en vacances.
— En cas de diminution d'un quart de comprimé un soir, il ne se passe rien d'extraordinaire.
— En cas de rupture de stock de vos réserves médicamenteuses, vous pouvez quand même vous coucher sans angoisse majeure.

En revanche, si vous avez répondu « Non » à une ou plusieurs des affirmations précédentes vous avez une dépendance réelle aux médicaments.

Le programme qui va suivre va vous permettre de mettre en place de nouvelles habitudes et vous pourrez en profiter pour diminuer progressivement les médicaments.

Chapitre 5

Troisième étape : réapprendre à dormir

Vous en avez assez de mal dormir et de ne pas être en forme le lendemain. Vous savez que les médicaments ne sont pas la solution. Ça y est, vous êtes décidé, vous allez changer ! C'est bien ! N'oubliez pas cependant que votre insomnie s'est constituée au fil des années. Il vous faudra de la patience et de la ténacité. Ne pas vous décourager et surtout ne pas vous angoisser sont les deux clefs de la réussite ! Maintenant que vous connaissez mieux votre sommeil, nous allons franchir ensemble les différentes étapes qui vous conduiront à l'améliorer. N'oubliez pas que l'objectif final n'est pas de *dormir plus* mais de *dormir mieux* !

Passez moins
de temps au lit

Vous pensez qu'il vaut mieux vous reposer dans votre lit plutôt que de vous morfondre dans votre salon sur votre sommeil qui ne vient pas. Erreur ! Plus vous persistez dans ces habitudes, plus vous entretenez votre insomnie. Ne vous inquiétez pas, vous pourrez, plus tard, quand vous ne serez plus insomniaque, retrouver le plaisir de paresser au lit. Mais il s'agit bien du plaisir de rester au lit et non pas de la recherche éperdue du sommeil !

En pratique

- Mettez-vous au lit uniquement pour dormir.
- Si vous ne vous endormez pas en 20 minutes, levez-vous, retournez dans le salon et reprenez une activité calme : lecture, émission de télévision, broderie, repassage... En évitant toute activité trop stimulante ou qui risque de vous maintenir éveillé d'une manière artificielle. Par exemple, si vous regardez un film à la télévision, ne vous laissez pas absorber par l'histoire du film au point de lutter contre le sommeil. Vous pourrez prévoir d'enregistrer la fin du film au cas où la somnolence vous gagne. Ainsi votre réussite sera complète : vous reprendrez le cours de votre sommeil et vous connaîtrez la fin du film.
- Ne retournez au lit que lorsque les signaux de sommeil se font à nouveau sentir.
- Si vous êtes réveillé en cours de nuit, et que cet éveil dure plus de 20 minutes, levez-vous et allez dans

une autre pièce pour faire autre chose. Vous pouvez reprendre une activité calme. Boire une tisane tranquillement a des vertus apaisantes. Choisissez alors une tisane que vous aimez, légèrement sucrée. Ne vous recouchez que lorsque vous aurez de nouveau sommeil.

• En fin de nuit, si vous êtes réveillé depuis 20 minutes, levez-vous définitivement. Il n'est pas alors nécessaire de commencer la journée sur les chapeaux de roues. Prenez votre temps ! Organisez-vous un début de journée agréable en faisant ce que vous aimez, et que vous n'avez habituellement pas le temps de faire : prendre un bain sans se presser, s'offrir un bon petit déjeuner tranquille en écoutant la radio ou en regardant la télé, faire une promenade impromptue pour admirer le lever du soleil (à conseiller plutôt en été !).

• Évitez de vous allonger sur votre lit dans la journée.

Cas particulier du studio : si vous n'avez qu'une pièce pour dormir, manger, travailler, ce qui est le cas de beaucoup d'étudiants, aménagez votre pièce pour que l'espace sommeil soit différent des autres espaces. Une de mes patientes étudiantes avait une chambre très exiguë qui l'obligeait à travailler sur son lit. Elle avait contourné le problème en organisant sur son lit une position couchée pour le sommeil, et une position assise, côté pied du lit, pour travailler.

Ces consignes ont pour but de renforcer l'association : « LIT = SOMMEIL ».

C'est une consigne qui paraît difficile à respecter comme dans le cas de Brigitte, âgée de 42 ans, insomniaque depuis l'âge de 25 ans. Elle n'arrive pas à s'endormir, met des heures à trouver le sommeil. Elle reste dans le noir à attendre un éventuel retour du sommeil. Le soir elle aime se mettre sur son lit pour regarder la télévision et pour ne pas rater un endormissement possible. Elle est venue consulter car elle prend des somnifères qui ne font plus d'effet et voudrait s'en sortir. Nous avons programmé un travail en groupe. Dans les consignes données lors de la première séance, nous avons demandé à chacun des participants de veiller à diminuer son temps passé au lit. Pour Brigitte, cela n'a pas été possible. Elle n'a pas réussi à se lever, et n'a pas changé ses habitudes. Elle exprime ses réticences vis-à-vis de la technique : « Au moins quand je suis dans mon lit, je me repose et je suis au chaud. » Je lui demande depuis quand elle a pris cette habitude. « Depuis maintenant presque 15 ans. » Et moi de rajouter : « Et ça marche ? » Elle me répond « non » toute confuse en réalisant que c'est bien là le nœud du problème.

Ce qui est important

Le respect de la consigne *tous* les soirs et *toutes* les nuits : si vous le faites seulement 2 nuits sur 3, c'est l'échec assuré (vous aurez en prime l'impression d'avoir fait des efforts surhumains pour rien).

Les premiers jours peuvent être très difficiles, avec une fatigue dans la journée ou une somnolence. C'est normal, et ça ne durera pas au-delà des 2 ou 3 premières semaines.

Les premiers signes de changement au niveau du sommeil apparaissent rapidement pour certains (8 jours) et sont plus lents pour d'autres (3 à 4 semaines).

Lorsque les processus de changement de votre sommeil se mettent en place, vous observez un endormissement plus rapide, votre sommeil devient plus continu et plus profond, sans pour autant être plus long. Vous commencez à réaliser que vous pouvez dormir !

Que s'est-il passé ?

En passant moins de temps au lit, vous vous mettez obligatoirement en privation partielle de sommeil. Ce faisant, vous augmentez la pression de sommeil en augmentant la sécrétion des substances hypnogènes normalement sécrétées au cours de l'éveil. Au bout de quelques jours, vous augmentez ainsi la qualité de votre sommeil, ce qui a pour effet de vous rassurer sur vos capacités à dormir. Vous vous couchez plus tranquille, moins anxieux à l'idée de ne pas dormir. « J'ai retrouvé la sérénité du sommeil », disait un patient qui avait franchi cette étape avec succès. Vous entrez dans un processus qui démantèle progressivement le cercle vicieux de l'insomnie.

Contrôlez les signaux de sommeil

Pour s'endormir il faut se préparer au sommeil et repérer les signaux de sommeil que nous envoie notre organisme. L'envie de dormir se traduit par des signes repérables : bâillements, paupières lourdes, relâchement de l'attention, nuque dont le tonus se relâche, parfois une sensation de refroidissement. Elle est différente de la fatigue. Cette dernière survient habituellement en fin de journée. Elle est physique ou psychique et peut conduire à l'envie de s'allonger, mais une fois la détente obtenue et un laps de temps de repos passé, elle diminue parfois si bien que la personne peut repartir sur une nouvelle activité. En revanche, l'envie de dormir peut s'estomper mais ne disparaît pas.

Notre organisme a besoin d'une transition entre l'éveil et le sommeil, afin de désinvestir progressivement toutes nos activités et oublier les soucis qui nous ont poursuivis tout au long de la journée.

Pour notre organisme, *le signal qui est plus spécifiquement associé au sommeil est le coucher.* Depuis notre plus tendre enfance, nous avons été habitués par notre maman à être couché dès que les premiers signes de sommeil apparaissaient.

---

9 RÈGLES D'OR POUR RECONSTRUIRE UN BON SOMMEIL

— Éviter toutes activités éveillantes le soir (pratiquer un sport, se plonger dans un livre passionnant, remplir sa feuille d'impôts…).
— Organiser une période d'activité calme une demi-heure avant le coucher.
— N'aller se coucher que lorsqu'on a sommeil.
— Respecter ses rituels du sommeil.
— Ne se coucher que pour dormir.
— Se lever et faire autre chose si on se réveille en cours de nuit.
— Se recoucher dès qu'on ressent à nouveau l'envie de dormir.
— Se lever définitivement le matin dès qu'on a l'impression de ne plus dormir.
— Dans la journée éviter de faire la sieste.

Troisième étape : réapprendre à dormir

Un petit truc supplémentaire : au début vous aurez sans doute des difficultés à repérer les signaux de sommeil, et vous aurez tendance à confondre fatigue et envie de dormir. *Vous allez donc retarder votre horaire de coucher*, pour vous coucher plus tard qu'à votre habitude.

Attention : si vous vous mettiez au lit très tôt pour regarder la télévision, ce n'est pas cet horaire qu'il faut prendre en considération, mais l'horaire d'extinction de la lumière.

> *Véronique avait l'habitude de se mettre au lit juste après le dîner pour regarder le film à la télévision, bien au chaud dans son lit. Parfois elle se rendait compte qu'elle avait somnolé, mais elle ne considérait pas ce sommeil comme du « vrai sommeil ». Elle éteignait la lumière et la télé vers 23 heures. Son endormissement était difficile. Depuis le début de son traitement, elle a modifié ses habitudes : elle regarde la télé dans le salon et va se coucher ensuite, mais elle a beaucoup de mal à repérer ses signaux de sommeil. Nous avons donc convenu qu'elle se couche vers minuit, soit une heure de plus que son horaire habituel d'extinction de la lumière.*

De cette manière, elle favorise une pression de sommeil importante au moment du coucher. Les signaux de sommeil sont plus forts et plus repérables.

Faites la chasse aux convictions et aux croyances

L'insomniaque est focalisé sur son sommeil. Il en arrive à tout expliquer par rapport à ses ratés du sommeil : s'il a mal à la tête, c'est à cause de son sommeil, s'il s'est engueulé avec son patron, c'est à cause de son sommeil... Au cours d'une enquête menée auprès de 100 de mes patients insomniaques, 57 % d'entre eux pensent que la mauvaise qualité de leur sommeil est en cause dans leurs difficultés personnelles, 39 % dans leurs problèmes familiaux, et 35 % dans leurs difficultés professionnelles. Lorsqu'on leur demande ce qu'ils attendent d'une meilleure qualité de sommeil, ils répondent tout à fait logiquement une meilleure qualité de vie pour 78 % d'entre eux et des nuits plus agréables pour 75 %. Mais, plus surprenant, 25 % des personnes interrogées en espèrent la résolution de tous leurs problèmes.

Ces croyances et ces attentes irréalistes font partie de la construction de l'insomnie et contribuent à entretenir le symptôme insomniaque par des mécanismes d'anxiété déclenchés par la situation : soit par une anticipation des conséquences : « Si je ne dors pas tout va mal (ou tout va mal se passer...) », soit par une anxiété de performance liée à l'injonction : « Il faut que je dorme. »

À vous de faire la chasse à vos croyances erronées. Nous en citerons quelques exemples.

« Quand je ne dors pas mes huit heures de sommeil, je ne suis pas en forme »

Vous partez d'une croyance qui généralise une situation occasionnelle. En vous observant tous les jours, en particulier à l'aide de l'agenda que vous aurez rempli, vous trouverez des contre-exemples qui vous montreront le contraire. Chacun d'entre nous a besoin d'une durée de sommeil spécifique (voir le chapitre « Deuxième étape : faites le point », p. 61). Pour autant, nous ne sommes pas coincés dans un carcan rigide. Faites confiance à vos capacités d'adaptation : selon les circonstances, votre durée de sommeil peut varier. Le cas le plus fréquent est la privation de sommeil secondaire à une sortie tardive. Si cette sortie a été agréable, il y a fort à parier que la journée du lendemain se passera plutôt bien. En revanche, si la soirée a été ratée, le lendemain sera pénible.

« Je dois regarder la télé pour m'endormir »

Est-ce vraiment la télévision qui vous endort ? Il faut comprendre pourquoi vous avez pris cette habitude. La télévision détourne votre attention vers autre chose que le sommeil. Devant la télévision vous êtes détendu, le sommeil peut donc s'installer, mais cet effet est très transitoire, car dès que la télévision s'arrête, la tension revient, et le sommeil s'en va. L'effet positif est donc pire que le mal. La télévision ne résout rien. Il faut vous imposer de vous coucher sans télévision dans la chambre, et apprendre à contrôler la tension qui est générée au moment du coucher. Les techniques de relaxation vous y aideront.

« Si je ne m'endors pas tout de suite, c'est fichu »

C'est sûrement vrai dans certains cas, mais pas tout le temps. Pour ne pas vous mettre dans cette situation, veillez à ne vous coucher que lorsque vous ressentez vraiment l'envie de dormir, et toujours après une période de détente pour mettre à distance tous les problèmes qui vous ont préoccupé dans la journée. Et si vous ratez votre endormissement, ne vous obstinez pas à rester dans votre lit, cela ne peut qu'augmenter les tensions, et donc empêcher tout endormissement. En revanche, si vous vous levez et si vous faites autre chose, votre attention sera détournée du sommeil, vous pourrez vous calmer, et vous endormir ensuite.

« Je ne dors pas bien si je me couche après minuit »

Si vous y regardez de plus près, vous pourrez observer que tout dépend de ce que vous avez fait avant de vous coucher. En général, on se couche plus tard qu'à l'habitude pour sortir, ou pour faire face à des obligations parfois contraignantes : travail supplémentaire, problème familial... Quand vous allez vous coucher, vous êtes encore dans l'activité qui vous a maintenu loin de votre lit. Il faut donc prendre le temps, même si vous trouvez qu'il est tard, pour passer un moment à vous détendre avant de vous mettre au lit. La fatigue s'estompera, les tensions éveillantes disparaîtront. Vous serez ainsi prêt pour le sommeil.

« *Si je dors plus longtemps le matin, je récupère* »

Si vous êtes couche-tard, c'est vrai. Si ce n'est pas le cas, vous recherchez le sommeil à tout prix, mais ce sommeil prolongé est-il vraiment récupérateur ? Faites un petit test : si vous vous réveillez tôt un week-end, et que vous ne vous rendormez pas immédiatement, levez-vous. Vous remarquerez que vous êtes en forme. En revanche, si vous cherchez à tout prix à vous rendormir, votre sommeil sera entrecoupé de rêves, de pensées et d'éveils. Quand vous vous lèverez, vous vous sentirez mal dans votre peau, fatigué, la tête lourde, car ce sommeil obtenu avec effort est un sommeil peu récupérateur.

« *Quand je vais au lit, je suis sûr(e) de ne pas pouvoir m'endormir* »

Avec des pensées pareilles il est évident que vous n'allez pas dormir. Vous généralisez les ratés de votre sommeil. L'examen de votre agenda vous montrera que vous avez tendance à exagérer. Si parfois vous avez du mal à vous endormir, d'autres soirs vous vous endormez plus facilement. Laissez-vous donc une chance, et n'entretenez pas des pensées aussi négatives.

« *Mon mari (ma femme) s'endort dès qu'il (elle) met la tête sur l'oreiller* »

Ce qui veut dire que les autres ont bien de la chance par rapport à vous qui ne dormez pas. Pourtant, si vous menez votre petite enquête lors d'un dîner entre amis, vous serez surpris(e) de voir combien de personnes ont un sommeil fractionné. Mettre parfois du temps pour s'endormir, se réveiller une demi-heure ou plus, se réveiller trop tôt, est une situation courante qui touche occasionnellement près des trois quarts des Français. Ne croyez donc pas que le sommeil des autres est obligatoirement serein. Tout est très différent quand on peut dédramatiser. Une mauvaise nuit peut arriver à tout le monde !

Vous trouverez d'autres exemples dans votre expérience de tous les jours. L'important est de prendre conscience de ces idées reçues qui sont autant de convictions que vous vous êtes forgées avec le temps.

Faites-en une liste, et cherchez tous les contre-exemples que vous trouverez au jour le jour. Quand vous pourrez faire un constat positif comme : « Tiens, j'ai bien dormi cette nuit », ou : « Je suis en forme aujourd'hui », vous aurez progressé.

Respectez une bonne hygiène de sommeil

Le bon dormeur peut faire ce qu'il veut avec son sommeil, mais l'insomniaque doit éviter tout ce qui est connu pour déstructurer le sommeil et, au contraire, favoriser les comportements qui facilitent le sommeil. Il y a donc des règles à suivre. Elles sont nécessaires, mais pas suffisantes, pour retrouver un bon sommeil.

Vous devez respecter ces consignes le plus souvent possible, mais vous pouvez vous « offrir » des écarts occasionnels : un bon dîner arrosé d'une bonne bouteille de vin fait partie des plaisirs de la vie. Simplement, vous éviterez de vous coucher immédiatement en rentrant, et ne dramatisez pas si vous dormez mal. Vous dormirez mieux les nuits suivantes !

LES RÈGLES D'UNE BONNE HYGIÈNE DE SOMMEIL

— Éviter tous les excitants, café, thé, vitamine C, Coca-Cola.
— Ne pas faire de repas copieux le soir et éviter l'alcool au dîner.
— Réserver la chambre au sommeil et à l'activité sexuelle en évitant de regarder la télé au lit, de travailler ou de manger au lit.
— Éviter de pratiquer un sport ainsi que toutes activités très stimulantes après 17 heures.
— Favoriser par contre toutes activités relaxantes le soir : lecture, musique, télé.
— Un bain chaud pris vers 21 heures peut aider cette détente et favoriser le sommeil, mais peut aussi avoir l'effet inverse en effaçant la fatigue.
— Dormir dans une chambre aérée, dont la température ambiante se situe entre 18 et 20 degrés.
— Maintenir des horaires de lever réguliers.

Trouver son rythme de sommeil et le respecter

Vous êtes plutôt du soir, ou plutôt du matin (voir « Observez-vous », p. 38). Essayez d'aménager vos horaires pour respecter autant que possible votre sommeil.

Si votre conjoint a un rythme très différent du vôtre (ça arrive !), soit vous vous adaptez à son rythme sans trouble du sommeil, soit vous essayez de trouver un compromis. Par exemple, si vous êtes du soir et que votre conjoint est du matin, faites un petit effort tous les deux, sans pour autant vous demander l'impossible. Ainsi, si vos horaires d'endormissement se situent habituellement au-delà de minuit, vous pourrez vous coucher à 23 heures. N'essayez pas de faire plus car vous accentuerez des problèmes d'endormissement si vous tentez de vous coucher beaucoup plus tôt.

Pour vous aider à décaler votre sommeil, l'utilisation des synchroniseurs tels que la lumière ou l'activité physique est très efficace.

Si vous avez un sommeil trop tardif

Vous avez des difficultés d'endormissement, et votre sommeil survient trop tardivement, vous allez favoriser tout ce qui peut avancer les horaires de votre sommeil :

• Par de l'exercice physique le matin au réveil : après une douche bien chaude et votre petit déjeuner, vous pratiquerez un exercice physique soutenu (jogging, rameur, vélo, cours de gymnastique...) pendant une demi-heure minimum.

- Avec l'aide de la lumière au réveil : si c'est l'été, le plus simple est de sortir et de faire un jogging ou, pour les moins sportifs, une bonne marche en pleine lumière (en évitant les sous-bois). Vous bénéficierez ainsi à la fois de la lumière du jour et de l'exercice physique. Si c'est en hiver, il n'y a pas de lumière suffisante avant 9 heures du matin. Le seul moyen est d'utiliser au réveil une lampe de photothérapie pendant une demi-heure minimum. Vous pouvez prendre votre petit déjeuner, lire et même regarder la télévision tout en étant devant la lampe. Attention : si vous utilisez la lumière en fin de matinée et non pas au réveil, elle n'aura pas d'effet sur l'horaire de votre endormissement.
- Évitez lumière et activité physique le soir.

Si vous avez un réveil précoce

Tous les matins vous vous réveillez trop tôt et le soir vous tombez de sommeil. Vous pouvez retarder votre sommeil :

— En privilégiant les activités physiques intenses le soir : squash, tennis, gymnastique, rameur, vélo...

— En n'hésitant pas à sortir le soir avec des amis, tout en évitant de boire de l'alcool.

— En utilisant une lumière forte le soir. Même l'été, il fait rarement jour très tard. Il est donc nécessaire d'utiliser une lampe de photothérapie pendant une demi-heure avant le coucher (vers 22 heures).

— Évitez lumière forte et activité physique le matin.

LES LAMPES DE PHOTOTHÉRAPIE

Ce sont de grosses boîtes qui contiennent des tubes lumineux délivrant une lumière dont le spectre est proche de la lumière naturelle. Une lampe bien contrôlée ne doit pas laisser passer les rayons UV qui sont nocifs pour les yeux. Un verre ou un plastique dépoli ferme la boîte et fait office d'écran lumineux devant lequel on se place pour être exposé à la lumière. L'intensité lumineuse délivrée est de 5 000 à 10 000 lux selon la distance de l'écran par rapport aux yeux.

Attention, ces lampes ne s'utilisent pas n'importe comment. La lumière forte a une action sur l'organisme :
— elle décale le sommeil : un bain de lumière le soir ou en début de nuit retarde le sommeil, alors qu'un bain de lumière le matin ou en fin de nuit l'avance ;
— elle augmente la vigilance si on l'utilise dans la journée.

Elles sont en vente dans les grandes surfaces ou les pharmacies. On peut également les louer dans des pharmacies. Il n'y a pas actuellement de prise en charge par la Sécurité sociale.

Diminuez vos facteurs de stress

Vous avez beaucoup de travail et vous n'arrêtez pas de courir, comment voulez-vous que votre sommeil trouve sa place dans le rythme effréné que vous vous imposez ?

Choisissez vos priorités

Vous êtes quelqu'un sur qui on peut compter. C'est bien. Pour autant, personne ne vous demande l'impossible. Apprenez à discerner ce qui est important et ce qui l'est moins pour ne pas vous surcharger inutilement.

On peut distinguer plusieurs types d'activités, des obligatoires aux facultatives :

— Les *activités urgentes* qui vous mettent en danger si vous ne les faites pas : remplir sa feuille d'impôt dans les délais, s'occuper de son fils qui est malade, préparer à temps le rapport demandé par son patron…

— Les *activités importantes et incontournables* qui font l'objet des obligations minimales tant professionnelles que personnelles : vous pouvez prendre du retard mais vous serez mal vu ou vous vous reprocherez de ne pas les avoir faites.

— Des *activités importantes où vous n'êtes pas indispensable*. Elles viennent en plus de votre activité. Elles concernent aussi bien le domaine professionnel que le domaine familial (comme par exemple emmener sa fille à l'école alors que ça vous fait faire un détour et qu'elle peut très bien y aller toute seule), ou personnel (l'investissement dans les associations bénévoles peut parfois être redoutable).

— Des *activités urgentes qui ne sont pas de votre fait*. De votre patron à vos enfants, une foule de personnes se déchargent sur vous de problèmes qu'elles n'ont pas gérés à temps. Alors que vous êtes en train de ranger vos affaires, votre patron arrive en vous disant : « C'est très urgent, il faut revoir ce dossier pour demain. » Une fois, c'est possible. Mais si ce comportement est habituel, soit vous avez un poste qui par ailleurs vous apporte beaucoup de compensations ou de gratifications, soit vous ne résisterez pas longtemps à ce régime. Vous pouvez dire non.

Apprenez à dire « Non »

Vous avez du mal à dire « Non » quand on vous propose quelque chose. Pourtant il faut connaître ses limites. Être délégué de parent d'élèves, représentant du personnel, faire partie d'un conseil d'administration… prend du temps. À vous de réfléchir avant de répondre :
— Aurez-vous matériellement le temps qu'il faut ?
— Est-ce que la proposition vous intéresse (sur le plan intellectuel, financier, de la notoriété…) ?
— Pourrez-vous continuer les activités que vous aimez ?
— Votre famille vous soutient-elle dans vos décisions ?

Si vous répondez « Oui » sans hésiter, alors vous pouvez accepter d'autres charges sans problème. Mais en cas de réponses négatives, réfléchissez bien. Vous avez autre chose à faire, ne vous dispersez pas.

Prenez le temps d'apprécier vos moments de détente

Ménagez-vous régulièrement des moments où vous consacrerez du temps à autre chose que les obligations :
— flâner dans la rue et regarder les boutiques entre midi et deux,
— faire une marche dans un parc ou un bois, entre deux rendez-vous,
— organiser des activités de loisirs le week-end,
— prendre le temps de voir vos amis.

Instaurez vraiment un break les jours de repos : sans travail à la maison et sans contacts professionnels.

Et pourquoi pas une sieste ?

Faire une sieste est habituellement déconseillé quand on a des troubles du sommeil. Néanmoins, si vous êtes stressé, si vous faites partie des cadres aux horaires de travail étirés et parfois décalés avec un rythme soutenu, apprenez à utiliser la sieste.

La sieste ne vient pas en plus du sommeil, elle compense le manque de sommeil.

Le problème est que dans notre société, efficacité rime avec activité. L'homme qui dort est au mieux un bienheureux, au pire un paresseux. Nous avons donc encore beaucoup de travail pour faire accepter que le sommeil fait partie de la vie, et qu'un homme qui a bien dormi est mieux dans sa peau, plus aimable et plus efficace.

À vous de partir en croisade si le travail dans votre entreprise vous impose des couchers tardifs et des levers tôt, car vous êtes en privation de sommeil. Dans la journée, vous luttez contre le sommeil, en bâillant, en pestant contre ce rythme de fou. Alors comment faire ?

— Essayez de trouver un endroit calme : votre bureau si vous en avez un, votre voiture (pourquoi pas ?), l'infirmerie (certains l'utilisent pour ça !), ou si vous avez beaucoup de chance, la salle de repos.
— Mettez-vous dans un fauteuil confortable, ou la tête posée sur vos bras croisés sur le bureau, et laissez-vous aller (vous aurez rarement la possibilité de vous allonger…).
— Le but n'est pas de dormir longtemps, juste quelques minutes, de 10 à 20 minutes idéalement.

Avec cette sieste, vous vous sentirez plus détendu et plus en forme au réveil. Votre travail sera ainsi plus efficace, et vous rentrerez chez vous le soir moins sous pression.

Vous êtes tendu(e), aidez-vous de la relaxation

Il existe diverses techniques de relaxation. La plus classique est le training autogène de Schultz. Elle a donné naissance à des variantes qui, à partir de la même base, s'enrichissent de particularités selon que le travail porte plus sur les sensations physiques ou sur l'imagerie mentale. En ce qui concerne le sommeil, la technique complète s'acquiert avec un professionnel, néanmoins certains exercices sont accessibles moyennant un petit entraînement.

Apprenez à vous détendre

Cet exercice est à pratiquer assis dans un fauteuil confortable ou allongé (de préférence ailleurs que sur votre lit).

— *Les bras sont le long du corps ou posés sur les accoudoirs du fauteuil.*
— *Les jambes sont allongées, non croisées.*
— *Vous fermez les yeux.*
— *Vous respirez doucement, la bouche entrouverte.*
— *Laissez-vous aller.*
— *Concentrez-vous sur votre main gauche. Pensez aux différents muscles des doigts, et laissez aller complètement votre main. Relâchez la paume de la main, le dos de la main.*

Avec un peu d'entraînement, vous allez commencer à sentir des sensations particulières : impression de lourdeur dans la main, de picotements, de fourmis, et parfois, sensations de chaud ou de froid, ou de légèreté. Quelle que soit la sensation que vous avez, c'est bien. Essayez de susciter certaines sensations, puis de passer de l'une à l'autre.

— *Lorsque votre main est bien détendue, concentrez-vous sur votre avant-bras, puis votre coude, votre bras. Relâchez ensuite l'épaule gauche.*
— *Faites la même chose du côté droit.*
— *Une fois les deux bras bien décontractés, pensez à vos deux épaules et à votre cou, pour les relâcher.*

— Montez ensuite vers les mâchoires et relâchez les muscles du visage.

Dans un premier temps ne travaillez que sur le haut du corps.

Une fois que vous maîtriserez bien la technique, vous pourrez également décontracter les jambes.

Partez toujours des extrémités pour remonter vers le corps.

Au début des exercices, concentrez-vous bien sur ce que vous faites : faites des séances brèves (10 à 15 minutes maximum), si des pensées parasites surviennent, arrêtez l'exercice et reprenez-le plus tard.

Apprenez à respirer

Au début des exercices ne cherchez pas à contrôler votre respiration. À la troisième séance, vous pourrez commencer à le faire.

— Vous inspirez par le nez et vous expirez par la bouche, la bouche légèrement entrouverte.

— Quand vous chassez l'air par la bouche, essayez de bien sentir ce qui se passe dans les zones que vous cherchez à décontracter : petit à petit, vous allez prendre conscience que l'expiration s'accompagne d'une détente accrue.

— Votre corps devient plus lourd et plus engourdi à chaque expiration.

Au fur et à mesure des séances, ralentissez votre respiration en faisant une petite pause à la fin de l'expiration. Vous pouvez vous aider en comptant : 1, 2 à la fin de l'expiration. Puis : 1, 2, 3, puis 1, 2, 3, 4. Ainsi

Troisième étape : réapprendre à dormir

vous aurez un temps expiratoire deux ou trois fois plus long que votre inspiration.

Ce rythme respiratoire doit s'installer sans effort, naturellement. En aucun cas vous ne devez avoir l'impression de manquer d'air.

Après avoir fait les exercices précédents, concentrez-vous sur votre respiration.
— *Inspirez par le nez et expirez par la bouche.*
— *Laissez-vous porter par le flux de l'air.*
— *À l'inspiration, vous aurez une sensation de légèreté très aérienne.*
— *À l'expiration, vous aurez, au contraire, une sensation de lourdeur.*
— *Représentez-vous le trajet que fait l'air : il entre par vos narines, passe par la trachée, arrive à vos poumons, qui se gonflent. Votre poitrine et votre ventre se soulèvent. Puis l'air ressort en faisant le chemin inverse, jusqu'à votre bouche.*

Le fait de vous concentrer sur le trajet de l'air a l'avantage de mobiliser votre attention et d'éviter toute pensée parasite. Ce sera un excellent exercice à pratiquer une fois que vous maîtriserez la technique et en cas de difficultés d'endormissement.

Se concentrer sur son corps

Lorsque vous arriverez bien à vous détendre et à respirer calmement, tranquillement, vous allez vous concentrer sur votre corps, avec l'état d'esprit d'un explorateur qui cherche à découvrir toutes les sensations enfouies dans son corps. Ne partez pas avec des idées préconçues sur les sensations que vous allez rencontrer, laissez-vous simplement porter par celles-ci. Accueillez-les avec curiosité et intérêt. Si elles sont agréables, essayez de les amplifier et de les généraliser à tout votre corps.

— *Essayer de ressentir la légèreté à l'inspiration et la lourdeur à l'expiration.*
— *Concentrez-vous sur votre respiration.*
— *Laissez-vous porter par vos sensations : légèreté, lourdeur, à chaque respiration.*

Si vous arrivez à ce niveau de relaxation, vous serez dans un état de relâchement complet tant physique que psychique. De ce fait, vous pourrez l'utiliser pour vous endormir ou vous rendormir avec de bonnes chances de succès.

Les techniques de relaxation sont efficaces mais elles demandent un entraînement régulier :
— au début, pour acquérir la technique *avant* de l'utiliser pour le sommeil,
— et ensuite, pour refaire quelques séances à distance du sommeil, au cours desquelles vous pouvez travailler les différentes étapes sans vous endormir.

Mais attention : le but de la relaxation n'est pas de vous endormir comme le ferait un somnifère (si vous attendez cela, vous serez déçu) mais de vous préparer au sommeil.

Comment suivre votre progression

Les différentes consignes et conseils qui ont précédé ne sont pas toujours faciles à mettre en œuvre. Pour réussir à progresser, il faut une certaine ténacité.

Mais vos habitudes sont profondément ancrées en vous, et vous aurez tendance à y revenir.

Pour éviter ce désagrément, rien de mieux que de suivre votre progression nuit après nuit. En notant tout ce qui se passe. Ainsi vous aurez sous les yeux la réalité de votre sommeil et non l'idée reconstruite que vous vous en faites.

N'oubliez pas que votre pire ennemi, ce sont les convictions négatives par rapport à votre sommeil : « comme d'habitude je ne vais pas dormir », « je ne suis pas en forme car j'ai mal dormi… ». Une observation quotidienne de la qualité de vos nuits et de vos journées permettra de vous apporter des contre-exemples positifs, et donc, vous encouragera.

Un bilan initial

Un bilan initial de votre sommeil est indispensable pour mieux vous connaître. L'agenda du sommeil sera l'outil de cette connaissance et vous permettra d'évaluer la progression de votre sommeil.

Vous allez le remplir pendant au moins 15 jours, si possible 3 semaines, en suivant les indications décrites au chapitre précédent.

L'indicateur de progression de vos efforts et de l'amélioration de la qualité de votre sommeil sera la diminution du temps passé au lit à ne pas dormir. *Rappelez-vous qu'un bon dormeur se couche pour dormir et se lève dès qu'il est réveillé. Il passe très peu de temps dans son lit à ne pas dormir.*

Vous allez donc calculer l'efficience de votre sommeil sur l'agenda :

— Pour chaque nuit vous allez mesurer en minutes la durée de votre temps de sommeil de nuit (TS).
— Puis la durée du temps que vous avez passé allongé sur votre lit (TPL), toujours en minutes. Ce temps comprend les moments de la soirée où vous avez lu ou regardé la télé au lit.
— Calculez le rapport du temps de sommeil sur le temps passé allongé sur votre lit (TS/TPL).
— Vous obtenez ainsi l'efficience de votre sommeil :
Efficience du sommeil = $\dfrac{TS}{TPL}$

Vous êtes probablement en dessous des 95 % du bon dormeur. C'est normal ! Vous n'auriez pas acheté ce livre sinon…

Un exemple d'agenda du sommeil chez un insomniaque avant traitement

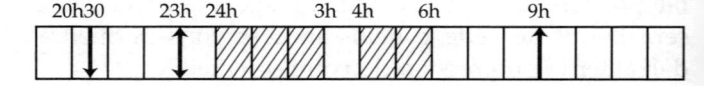

Commentaire : la personne se met au lit à 20 h 30, elle éteint à 23 heures, s'endort vers 24 heures, se réveille à 3 heures, reste réveillée dans son lit de 3 heures à 4 heures, puis redort de 4 heures à 6 heures. Elle se réveille définitivement à 6 heures, mais ne se lève qu'à 9 heures.

— Le temps de sommeil (TS) est de 5 heures soit 300 minutes.
— Le temps passé au lit (TPL) est de 20 h 30 à 9 h 00 (soit 750 minutes).

— L'efficience du sommeil est de 600/750 = 0,4 soit 40 %.

L'efficience est dans ce cas très mauvaise car la personne passe beaucoup de temps au lit.

À 15 jours

Depuis 15 jours vous suivez les consignes précédentes, ce n'est pas facile, car pour le moment vous constatez peu de modifications.

Sur l'agenda que vous continuez à remplir, observez bien ce qui se passe en fonction de vos activités du soir : que devient votre sommeil si vous faites du sport, si vous sortez le soir, si vous buvez de l'alcool ?

Avez-vous diminué votre consommation de café ?

Faites-vous bien un break quand vous rentrez le soir pour mettre à distance vos soucis du travail ?

Globalement, vous remarquerez sur l'agenda que l'efficience de votre sommeil a sans doute un peu augmenté. Mais vous êtes loin d'être satisfait de votre sommeil. Vous pouvez même vous sentir plus fatigué dans un premier temps.

C'est normal : auparavant vous restiez au lit en croyant ne pas dormir alors qu'en réalité vous dormiez un peu. Maintenant que vous vous levez pour faire autre chose, vous dormez vraiment un peu moins. D'où parfois cette fatigue en début de traitement.

Persévérez, vous avez fait le plus dur.

À 1 mois

L'agenda montre que votre sommeil progresse en qualité. Votre endormissement survient plus rapidement. Votre sommeil est plus continu. Votre forme dans la journée s'améliore.

En suivant les consignes de restriction du temps passé au lit, votre sommeil est en quelque sorte devenu plus concentré. Il se réorganise vers une meilleure efficacité. Cet effet n'est pas immédiat, mais si vous avez été persévérant, vous devez le ressentir d'une manière nette.

Néanmoins, après un mois de traitement, l'amélioration est fragile. Vous êtes à la merci d'un raté occasionnel.

> *Pierre a suivi les consignes à la lettre. Il est content de l'amélioration notée. Son sommeil a vraiment changé. En se couchant plus tard, il s'endort plus vite, il a l'impression d'un sommeil plus profond. Malheureusement son entreprise l'envoie pour trois jours négocier un contrat concernant un marché européen important. Il va dormir à l'hôtel, parler anglais, travailler tard, toutes choses qu'il n'aime pas et qu'il redoute. Cette perspective l'angoisse. La veille se son départ, impossible de fermer l'œil de la nuit ! Les pensées négatives concernant en vrac son sommeil, son travail, ses choix, reviennent en se bousculant dans sa tête. « Tous ces efforts pour rien ! », se dit-il.*

C'est un moment de découragement passager ! Pierre n'a pas encore appris à se détendre, à relativiser les situations, et à accepter d'avoir une mauvaise nuit de temps en temps. Le travail qu'il a fait n'est pas perdu, mais les événements extérieurs, ou les situations que l'on vit, peuvent réactiver transitoirement l'insomnie.

À 2 mois

Au bout de 2 mois votre sommeil est beaucoup plus stable, vous allez vous coucher sans angoisse. L'efficience de votre sommeil est supérieure à 85 %. L'objectif initial est atteint. Vous entrez maintenant dans une phase de consolidation.

Repérez bien vos signaux de sommeil. Si vous les ressentez plus tôt (ce qui est possible surtout si vous vous êtes couché plus tard pour augmenter votre pression de sommeil), vous pouvez maintenant tenter de vous coucher un quart d'heure plus tôt. Si votre sommeil garde la même efficience, tout va bien, vous pouvez continuer. En revanche, si votre sommeil est de nouveau entrecoupé, revenez à un coucher plus tardif.

Vous remarquerez qu'avec l'amélioration de votre sommeil, vous vous sentez plus confiant, plus serein lorsque l'heure du coucher s'approche. Vous commencez à rompre le cercle vicieux : pensées négatives par rapport au sommeil-échec du sommeil-tension-augmentation des difficultés du sommeil. Vous réalisez qu'une mauvaise nuit n'est plus inéluctable.

Vous pouvez suspendre la tenue régulière d'un agenda du sommeil. En revanche prévoyez de le remplir à nouveau du cinquième au sixième mois.

À 6 mois

Six mois après le début de vos efforts, vous pouvez vraiment faire un bilan :

	OUI	NON
Est-ce que je me ménage régulièrement un temps de détente avant d'aller me coucher ?		
Est-ce que le soir je me couche vraiment uniquement quand j'ai sommeil ?		
Est-ce que mon lit n'est vraiment réservé qu'au sommeil et à l'activité sexuelle ?		
Est-ce que je me lève en cas d'éveil de plus de vingt minutes ?		
Est-ce que je ne traîne pas au lit le matin si je suis réveillé ?		

Si vous avez répondu « Oui » à toutes les questions, il est probable que votre sommeil a retrouvé l'efficacité dont vous rêviez.

En revanche, si vous avez répondu « Non » à une ou à plusieurs questions, il faut faire un effort. Vous avez encore besoin de préserver votre sommeil, il faut que vous soyez plus rigoureux avec les consignes car votre sommeil risque de se déstructurer à nouveau.

Et n'oubliez pas

On peut toujours passer une mauvaise nuit (voire deux !), ça arrive à tout le monde.

Si vous traversez une période de grande agitation, de stress, de soucis, un somnifère de temps en temps peut vous aider à dédramatiser ce moment délicat.

On ne peut pas provoquer le sommeil sur commande : prenez-le quand il est là, et levez-vous quand vous êtes réveillé.

Et si ça ne marchait pas ?

Malgré vos efforts vous n'avez pas pu suivre les consignes. Vous avez essayé quelques jours, mais ensuite vous vous êtes découragé.

Essayez de comprendre pourquoi :

➤ « C'est trop dur. Je n'ai pas envie (le courage, la motivation…) de suivre les consignes »

C'est difficile au début, il faut beaucoup de ténacité et de patience, mais ça marche chez deux patients sur trois. L'insomnie n'est-elle pas pénible à vivre ? Deux mois d'efforts, cela vaut la peine ! Néanmoins vous n'êtes peut-être pas encore prêt sur le plan psychologique. Certaines personnes n'y arrivent pas à un moment donné mais y arrivent très bien quelque temps après. Laissez-vous le temps. Vous recommencerez dans quelques mois, ou plus, et vous réussirez.

➤ « Je n'y crois pas… »

C'est une pensée fréquente en début de traitement, et qui fait partie des croyances négatives de l'insomniaque, comme si l'insomnie était de toute manière complètement ancrée en soi, sans possibilité de changement. Pour vous convaincre, je pourrai vous affirmer que cela marche, que des études très sérieuses ont montré l'efficacité de ces techniques. Mais le problème n'est pas là. Vous ne changerez d'avis que si vous avez la preuve que cela marche. Seule votre expérience peut vous en convaincre. Lors des thérapies de groupe d'insomniaques, la preuve est le plus souvent apportée par l'un des patients. Dans ces groupes, des réunions tous les quinze jours permettent de faire le point : chacun rapporte son expérience. Certains ont suivi les consignes, d'autres pas : « *je ne vois pas ce que ça va changer* », « *ça ne sert à rien* », disent ces derniers.

Mais il y a ceux qui jouent le jeu. Leur témoignage est plus convaincant qu'un discours médical. Que disent-ils ? Jean raconte : « *Au début, c'était difficile, il a fallu que je me fasse violence pour sortir du lit et retourner dans le salon. Je me sentais fatigué dans la journée. Mais maintenant, c'est plus facile, je ne me pose plus de questions, je me lève quand je ne dors pas. C'est vers la fin du premier mois que j'ai senti un changement. Je ressentais l'envie de dormir ! Je me rendormais plus vite. Au bout de 6 semaines, je constate que mon sommeil est plus continu. Je me réveille encore mais je me rendors dans le quart d'heure. Ça ne me gêne plus !* »

Dans les groupes, ce témoignage est habituel. Il a un effet très positif car il entraîne la conviction de ceux qui n'ont pas réussi à suivre les consignes, et qui s'y mettent !

➤ « Je suis devenu(e) très anxieux(se), tendu(e), encore plus mal qu'avant »

Ce type de réaction est proche de la panique.

Françoise, écrivain, a du mal à suivre les consignes. Elle a noté sur son agenda : « Minuit cinquante, je me suis plus ou moins endormie, puis je me suis retrouvée réveillée, avec l'idée que j'ai l'obligation de me lever, et d'écrire quelque chose (c'est elle qui a choisi d'écrire en cas d'éveil prolongé). Rien à faire pour me rendormir. Peur d'inquiéter mon mari, de mal dormir, d'être fatiguée demain. Mauvaise idée que de tenir cet agenda. Il m'oblige à trop penser au sommeil. Envie de le déchirer. »

Lorsque l'anxiété est majeure, les consignes sont difficiles à suivre. Françoise est préoccupée par son fils qui a eu un accident et qui est en arrêt de travail depuis plusieurs mois.

Elle n'est pas prête à affronter l'effort que nécessitent les consignes comportementales. Il lui faut plus de temps et, pour le moment, privilégier une aide médicamenteuse pour dormir, associée éventuellement à des entretiens psychothérapiques pour diminuer son anxiété.

➤ « Ça m'embête »

Vous êtes à la recherche d'une solution facile. Malheureusement, il n'y a pas de « trucs » simples pour retrouver le sommeil. À vous de voir : préférez-vous continuer avec votre insomnie ou tenter de changer ? Faites un effort ! Seuls deux petits mois sont nécessaires pour entraîner des processus de changement dans vos rapports avec votre sommeil.

Que faire des médicaments ?

Les diminuer ou les arrêter

Vous voulez arrêter les médicaments. C'est une excellente idée ! Mais attention il ne faut pas les arrêter brutalement. Le sevrage doit toujours être progressif.

— Lorsque vous faites votre bilan de sommeil, reportez sur votre agenda le traitement que vous prenez.

— Essayez toujours de diminuer un peu les somnifères même si ce n'est que d'un quart de comprimé de temps en temps.

— Notez bien ce qui se passe sur votre agenda. Si votre sommeil reste stable, répétez cette diminution un soir sur deux (les soirs pairs par exemple). Au bout de 15 jours de cet essai, et si vous ne remarquez pas de différence entre les jours pairs et les jours impairs, vous pourrez diminuer d'un quart de comprimé tous les soirs. C'est toujours un quart de comprimé en moins !

— En revanche, si la diminution d'un quart de comprimé entraîne systématiquement un mauvais sommeil, ou une recrudescence de l'anxiété, pas de panique ! Il vous faudra plus de temps, attendre un autre moment où vous serez dans de meilleures conditions pour diminuer.

Choisir son moment

Le médicament est une béquille : il vous aide à fonctionner dans votre vie de tous les jours. C'est pourquoi il faut choisir son moment de diminution ou d'arrêt :

— Évitez les situations de crise : décider d'arrêter son somnifère alors qu'on vient d'apprendre son licenciement n'est sûrement pas une bonne idée, car vous serez dans une situation d'anxiété qui est nuisible à votre sommeil et l'arrêt du somnifère entraîne lui-même une réactivation de l'anxiété.
— Si vous avez attrapé une maladie : bronchite, colite, grippe... attendez un peu d'être plus en forme.
— Faites-le quand vous serez vraiment décidé. Il y a toujours une période difficile au moment de la diminution et, encore plus, de l'arrêt complet d'un somnifère. Outre la recrudescence de l'anxiété et de l'insomnie, il peut y avoir des signes physiques de mal-être : sensations nauséeuses, vertiges, transpiration.

Savoir attendre

N'oubliez pas que vous imposer une diminution rapide risque de redéclencher un processus d'anxiété lié au sommeil. Ce n'est donc pas un bon calcul. Prenez votre temps.

Si vous n'y arrivez pas la première fois, ce n'est pas grave : les somnifères ont peu d'effet secondaire. En dehors des quelques contre-indications : insuffisance respiratoire, syndrome d'apnées du sommeil (voir p. 150), et quelques maladies exceptionnelles comme la porphyrie ou la myasthénie, les seuls effets secondaires lors d'une prise raisonnable sont les effets sur la mémoire (réversible à l'arrêt) et l'accoutumance (donc le risque d'être obligé d'augmenter les doses).

Vous y arriverez plus tard, éventuellement avec l'aide d'un médecin.

Le moindre mal ?
Une prise de temps en temps !

Pour éviter les risques d'accoutumance et les effets secondaires, l'idéal est de limiter la prise du somnifère à deux ou trois fois par semaine, en gérant la prise. Pour cela, il faut :

— Trouver le somnifère qui vous convient, c'est-à-dire celui avec lequel vous avez le sentiment d'un sommeil reposant, et qui ne vous donne pas la sensation d'être comateux le lendemain. Il n'y a pas de somnifère idéal, à vous de trouver le vôtre avec votre médecin.

— Choisir le soir de la prise, en décidant que ce soir-là vous allez prendre quelque chose. Vous déciderez ce moment de prise en fonction de la tension de la journée qui s'est écoulée ou de la crainte de la journée du lendemain (une réunion importante, par exemple).

— Éviter de prendre le comprimé sans l'avoir programmé à l'avance et lorsque vous n'arrivez pas à vous endormir (cette situation vous conforte dans l'idée que l'insomnie est une situation d'échec dont vous ne pouvez sortir, et ne fait que renforcer le cercle vicieux de l'insomnie).

Chapitre 6

L'aide des professionnels

Une complémentarité entre les médecins

Qui consulter ?

➤ **Votre médecin traitant ?**

Adressez-vous dans un premier temps à votre médecin habituel. Ce peut être votre médecin généraliste ou un spécialiste qui vous suit régulièrement pour des troubles associés. Il vous connaît et a des correspondants spécialistes dans la région où vous vivez. Il vous aidera à repérer ce qui est nouveau dans vos problèmes de sommeil et quelles en sont leurs conséquences, tant au niveau des symptômes que des traitements pris.

Consacrez une consultation entière uniquement à vos problèmes de sommeil : votre sommeil est important !

N'attendez pas de votre médecin une solution miracle en une seule consultation. Demandez-lui très simplement s'il pense pouvoir vous aider ou s'il faut faire appel à un spécialiste. La formation aux pathologies du sommeil est quasi inexistante au cours des études de médecine. La compétence de votre médecin dans ce domaine dépend donc de son intérêt et de sa disponibilité pour acquérir une formation complémentaire.

Déterminez avec lui un délai pour observer une amélioration de vos symptômes avec l'approche thérapeutique qu'il vous aura conseillée. Un délai compris entre 3 et 6 mois semble raisonnable.

En l'absence d'amélioration au-delà de cette période, l'avis d'un spécialiste du sommeil est à envisager.

➤ Un spécialiste du sommeil ?

Il s'agit d'un médecin qui a suivi une formation complémentaire. L'identifier n'est pas très simple à l'heure actuelle car il n'y a pas à proprement parler de spécialité médicale de « somnologie » ou d'« hypnologie » (il n'y a même pas de consensus sur le mot désignant ce spécialiste !). Environ 500 médecins en France se sont formés. Ce sont des médecins généralistes, des psychiatres, des pneumologues ou des neurologues, mais il peut très bien s'agir de médecins issus d'une tout autre spécialité. La seule formation actuellement reconnue par le Conseil national de l'ordre des médecins est celle dispensée par la Société française de recherche sur le sommeil, mais d'autres formations existent.

Pour compliquer encore cette situation, certains médecins ne s'intéressent qu'aux troubles respiratoires associés au sommeil, alors que d'autres diagnostiquent l'ensemble des maladies associées au sommeil. Enfin, la prise en charge des insomnies est très inégale sur l'ensemble du territoire français.

Ce sont des médecins qui travaillent dans des centres d'étude du sommeil hospitaliers, privés ou publics. Beaucoup d'entre eux ont une activité à la fois dans un centre et dans leur cabinet privé.

Pour que votre recherche ne se transforme pas en parcours du combattant, faites donc confiance à votre médecin traitant qui sera à même de trouver le médecin qui pourra vous aider, en entrant si besoin en contact avec lui pour lui exposer votre pathologie.

Pour faciliter vos démarches, vous trouverez, en Annexe, la liste des centres qui s'occupent de pathologies du sommeil. N'hésitez pas à les contacter pour leur demander s'ils peuvent vous aider ou vous communiquer les coordonnées de médecins compétents.

Quand consulter ?

➤ **Quand ça dure !**

Si votre mauvais sommeil persiste depuis plus de 3 semaines, il faut prendre le temps d'en parler à votre médecin.

Mal dormir, ce n'est pas « rien ». Il y a une cause. Vous n'avez peut-être pas envie de la voir, mais ce n'est pas la peine de faire l'autruche. Votre problème ne fera qu'empirer, autant vous en occuper tout de suite.

Si, malgré les conseils de votre médecin et l'application des recommandations de ce livre, vos troubles persistent, tournez-vous vers un spécialiste qui apportera son expérience et un regard neuf sur vos problèmes.

➤ Lors d'une prise médicamenteuse régulière ou importante

La peur de ne pas dormir conduit à des prises médicamenteuses régulières ou importantes. Le médecin est là pour vous aider à faire la part des choses entre :

— Une pathologie anxieuse ou dépressive associée qui pourrait bénéficier d'une prise en charge spécifique complémentaire par un psychiatre.

— Une augmentation de dose par méconnaissance de la physiologie du sommeil et des effets médicamenteux : vous croyez qu'en augmentant la dose du somnifère vous allez mieux dormir. En réalité, c'est l'inverse, votre sommeil devient de moins en moins récupérateur, et vous accentuez votre dépendance, vous êtes accro ! (voir le chapitre « Troisième étape : réapprendre à dormir », p. 93).

➤ En cas de symptômes associés

L'insomnie « pure », sans cause, est l'insomnie maladie par excellence. Mais nous avons vu que certaines insomnies sont secondaires à une pathologie qu'il faut identifier.

> #### Ce qui doit vous alerter
>
> *Vous vous sentez très fatigué au réveil* : on peut bien évidemment se sentir fatigué après une mauvaise nuit, mais il n'est pas habituel dans une insomnie simple de se sentir fatigué *tous* les matins.

> *Vous vous traînez dans la journée* : même constat, avoir mal dormi vous laissera un sentiment de fatigue dans la journée, mais cet état n'est pas permanent d'un jour à l'autre. Être mal tous les jours n'est pas courant lors d'une insomnie simple.
>
> *Votre entourage s'inquiète* d'un ronflement important, avec d'éventuels arrêts respiratoires, ou vous décrit un sommeil très agité avec des mouvements répétés des jambes ou des bras...

Vous faites appel au spécialiste

La consultation

Vos troubles persistent. Il n'y a pas ou peu d'amélioration. Vous décidez avec votre médecin traitant de consulter un spécialiste.

Les délais de consultation sont souvent longs. À l'hôpital, il n'est pas rare d'attendre entre 3 et 6 mois pour une consultation. En privé, c'est un peu plus rapide mais il y a habituellement un délai d'un mois d'attente environ.

Ne croyez pas que le spécialiste va résoudre votre problème sur-le-champ, ou qu'il va d'emblée vous prescrire un enregistrement de votre sommeil dès la première consultation.

Les troubles du sommeil ont souvent diverses origines qui s'aggravent les unes les autres, c'est pourquoi le médecin demandera éventuellement l'avis d'un confrère d'une autre spécialité pour comprendre votre trouble du sommeil. Dans ce domaine de la médecine, il est fréquent que les médecins travaillent dans une approche multidisciplinaire ou en réseau avec des correspondants complémentaires.

> *André a 32 ans, il a consulté un ORL parce qu'il dort mal et qu'il ronfle un peu. Il se sent fatigué dans la journée. L'ORL l'examine, trouve une légère obstruction nasale secondaire à une déviation de la cloison et un polype qu'il retire. Mais tout ceci n'explique pas la sensation de blocage respiratoire qu'André ressent souvent peu après le coucher. Il se réveille angoissé et a du mal à se rendormir. L'ORL demande l'avis d'un collègue spécialiste des troubles du sommeil. Lors de l'entretien, il apparaît que différents conflits professionnels angoissent beaucoup André depuis 6 mois. Il doute de ses capacités et s'inquiète car sa femme attend un second enfant. Afin de ne pas passer à côté d'une cause organique, un examen polygraphique ventilatoire est réalisé (voir ci-après, p. 138). Cet examen est normal. André est alors adressé à un psychiatre avec lequel il entame un travail psychothérapique. Il prend deux à trois fois par semaine un anxiolytique lorsqu'il se sent particulièrement tendu. L'amélioration est progressive. Au bout de 6 mois, son sommeil est satisfaisant. Son ronflement est intermittent et ne le gêne pas, pas plus qu'il ne gêne d'ailleurs son entourage.*

On voit comment, à partir d'un motif de consultation simple (le ronflement et l'insomnie), il a fallu en réalité faire appel à 3 spécialistes pour qu'André trouve un nouvel équilibre et prenne à nouveau confiance en lui.

La première consultation est longue. Elle dure souvent une heure, car le médecin vous interroge sur vos habitudes de sommeil, vos antécédents familiaux, vos maladies associées, votre vie professionnelle et votre vie familiale. Enfin, il cherche à évaluer votre personnalité, votre façon de réagir aux événements, l'existence d'une anxiété ou d'une dépression.

Il vous remettra quelques questionnaires, en particulier pour évaluer votre somnolence et vous fera remplir un agenda du sommeil. Si vous lisez ce livre avant votre consultation, référez-vous aux Annexes à la fin de ce livre, servez-vous de l'agenda vierge et faites le point sur votre sommeil avec l'autoquestionnaire. Le médecin aura ainsi dès la première consultation une « photographie » de votre sommeil.

Si des examens complémentaires sont nécessaires, il vous les fera faire soit en ambulatoire (c'est-à-dire à domicile), soit dans un centre d'exploration du sommeil.

Qu'est-ce qu'un centre d'exploration du sommeil ?

La notion de centre d'exploration du sommeil reste très mystérieuse pour la plupart des gens. En réalité, il s'agit d'un lieu d'exploration du sommeil avec des techniciens et des médecins spécialement formés aux pathologies du sommeil. Il peut y avoir une à plusieurs chambres qui, dans l'idéal, essaient de ressembler le plus possible à des chambres standard, accueillantes et chaleureuses, afin d'éviter le stress du « laboratoire » technique, froid et fonctionnel.

L'hospitalisation est brève, d'une nuit (ou d'une sieste au minimum) à 36 heures au maximum. Son objectif est d'enregistrer le sommeil de nuit, et parfois de jour, dans le but d'établir un diagnostic, ou d'évaluer un traitement. Il n'existe pas d'hospitalisation longue, « pour retrouver le sommeil », comme le croient souvent les insomniaques.

L'intérêt des centres d'exploration du sommeil réside dans ce qu'ils regroupent en général plusieurs médecins, ce qui permet des échanges et des discussions au sujet des patients qui y sont explorés.

En pratique, il existe deux types de centres :

— Des centres qui s'intéressent à tout trouble du sommeil. Les médecins y ont une formation approfondie portant sur l'ensemble des pathologies du sommeil ou sont issus de différentes spécialités, ce qui permet une approche multidisciplinaire. Ces centres sont désignés le plus souvent sous la dénomination de « laboratoire d'exploration du sommeil » ou de « service d'explorations fonctionnelles ».

— D'autres centres sont plus axés sur les pathologies respiratoires et sont le plus souvent liés à un service de pneumologie.

Néanmoins, cette distinction qui était très marquée il y a quelques années tend à s'estomper car les médecins du sommeil sont très souvent confrontés à des pathologies intriquées en apparence aussi éloignées que les apnées du sommeil et la dépression. De ce fait, le travail en équipe multidisciplinaire (un pneumologue et un psychiatre ou un neurologue) est de plus en plus privilégié.

Encore très peu de centres en France disposent de médecins ou de psychologues formés à la prise en charge des insomniaques. Celle-ci se fait essentiellement en consultation (parfois en groupe), ce qui ne nécessite pas une infrastructure importante.

Vous allez faire un bilan de votre sommeil

Le médecin spécialiste des troubles du sommeil a à sa disposition un certain nombre d'outils ou d'examens qui lui permettent de suivre l'évolution du sommeil de son patient ou de faire un diagnostic.

➤ L'actimétrie

L'actimètre est un petit appareil qui se porte au poignet comme une montre et qui enregistre les mouvements, y compris les mouvements de très faible intensité.

Il contient un capteur qui est une cellule piézoélectrique sensible à l'accélération des mouvements, et un microprocesseur qui permet de stocker les données pendant une durée de quelques jours à plusieurs semaines. Il se porte jour et nuit pendant 8 à 15 jours. Pour éviter les mouvements parasites liés à l'activité, on le porte au poignet non dominant (gauche pour les droitiers). Il n'est pas résistant à l'eau et il faut l'enlever pour prendre sa douche ou son bain.

Cet appareil permet de repérer les horaires d'endormissement et de réveil, et d'apprécier l'existence d'éveils en cours de nuit. Il donne une idée sur la qualité de la nuit : nuit tranquille ou agitée. Dans la journée, on voit si le niveau d'activité de la personne est de bonne qualité et s'il existe des siestes ou des moments de baisse d'activité. On peut même calculer les rythmes de la personne enregistrée et vérifier ainsi si ses horloges internes sont bien réglées sur 24 heures.

> *Jean-Louis, âgé de 56 ans, est insomniaque depuis près de 20 ans, mais depuis 3 ans il se sent beaucoup plus fatigué. Il a du mal à s'endormir, se réveille la nuit, et se réveille parfois tôt le matin. Sa femme dit qu'il bouge beaucoup en dormant.*
> *Sur son actimétrie (voir graphique), nous repérons les heures d'endormissement et de réveil (marqués par des flèches noires). L'enregistrement confirme que Jean-Louis a parfois du mal à s'endormir, les soirs du samedi au dimanche et du dimanche au lundi (on voit qu'une activité importante persiste après le coucher), et qu'il a très souvent des réveils en cours de nuit (indiqués par de petits pointeurs blancs sur le graphique).*

On voit qu'un petit appareil de ce type apporte une foule d'informations sur le sommeil de quelqu'un. Il vient en complément objectif de l'agenda du sommeil qui, lui, n'est basé que sur une impression de nuit.

Cet examen est particulièrement intéressant dans l'insomnie : il permet d'étudier le sommeil sur une assez longue période et sur plusieurs nuits consécutives.

➤ La polygraphie ventilatoire

Si le médecin suspecte des apnées du sommeil, il vous proposera sans doute un examen polygraphique ventilatoire.

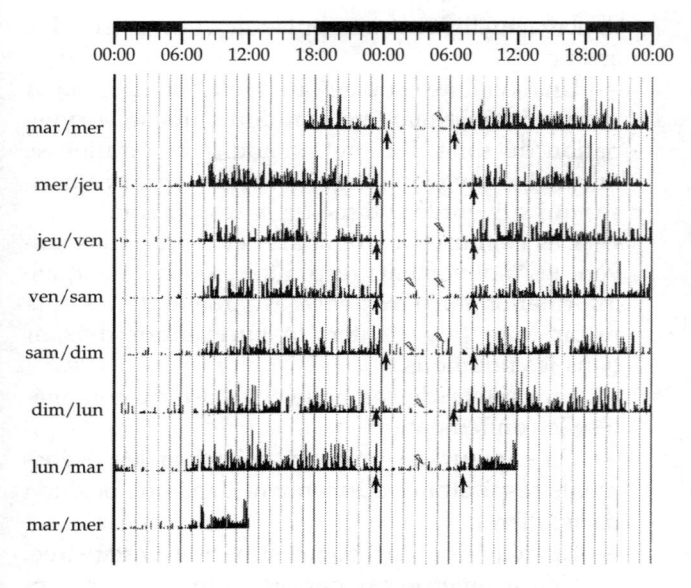

L'actimétrie de Jean-Louis

Selon les appareils, on enregistre différents signaux respiratoires, qui associés entre eux permettent de détecter des anomalies respiratoires.

— Un capteur est placé sous le nez, il détecte le flux de l'air qui passe par les narines ou parfois par les narines et par la bouche. Il peut s'agir d'une thermistance sensible aux variations de température entre l'air inspiré ou l'air expiré, ou d'un capteur de débit lorsqu'on utilise des « lunettes nasales », terme consacré pour décrire un petit tuyau qui se place sous le nez avec une bifurcation pour chaque narine. Ce capteur a ten-

dance actuellement à supplanter le premier, plus ancien.
— Un oxymètre est placé au bout d'un doigt pour mesurer d'une manière non douloureuse l'oxygénation du sang. En effet, quand la respiration se fait mal, l'oxygène sanguin fluctue avec des baisses qui suivent le rythme de la respiration.
— Des ceintures abdominales et thoraciques suivent les mouvements respiratoires et donnent une information sur l'existence éventuelle d'une lutte respiratoire pour tenter de faire entrer de l'air dans les poumons.
— Un capteur de son collé à la base du cou analyse le ronflement.
— Un capteur de position précise si les événements respiratoires surviennent dans une position particulière.
— La fréquence cardiaque est parfois enregistrée.
— Une actimétrie est parfois couplée à ces capteurs. Elle permet de voir si la personne dort ou ne dort pas.

Tous ces capteurs sont reliés par des fils à un boîtier de la taille d'un petit livre ou d'une petite boîte, selon les systèmes. Tout ce qui est enregistré est stocké en mémoire pour être récupéré sur un ordinateur le lendemain. Le médecin doit ensuite interpréter les signaux et faire le compte rendu de l'examen.

Cet examen peut se faire en dormant à la maison. Le médecin branche la majorité des capteurs à son cabinet. Il laisse le soin au patient de mettre le capteur sous le nez juste avant le coucher ; de cette manière la personne se sent suffisamment à l'aise pour conduire ou prendre les transports en commun sans être inquiétée par le regard des autres. Si une surveillance est nécessaire, l'enregistrement se fera en hospitalisation. En particulier, si la personne bouge beaucoup au cours du sommeil et risque de tout arracher en dormant, ou s'il s'agit d'un grand anxieux, il vaut mieux prévoir d'emblée une surveillance plutôt que de devoir recommencer, à coup sûr ou presque, l'enregistrement.

> **Les limites de cet examen**
>
> Paradoxalement plus les symptômes sont marqués, plus les moyens techniques nécessaires au diagnostic seront légers. Ainsi, ce type d'examen est suffisant pour affirmer le diagnostic d'un syndrome d'apnées typique. En revanche cet examen peut s'avérer insuffisant lorsque les signes cliniques sont plus subtils ou qu'il existe différents symptômes intriqués.

Xavier a 26 ans. Il pèse 140 kg pour 1,83 m. Il a pris 20 kg ces deux dernières années. Sa famille lui signale qu'il ronfle. Il se sent fatigué dans la journée, et surtout il est terriblement somnolent. Le matin le lever est très difficile. Le réveil sonne à 7 h 30, mais il n'est vraiment pas en forme, il se sent encore plus fatigué qu'au coucher. Il n'arrive pas à sortir du lit. Lorsque enfin il y parvient, il est bien entendu très en retard pour son travail. Son patron lui a fait des remarques et le menace d'un avertissement.

L'enregistrement polygraphique de son sommeil à domicile montre un syndrome d'apnées dramatique. Il a un index d'apnées-hypopnées à 130 par heure. Grâce à la possibilité de faire l'examen en ambulatoire le diagnostic a pu être établi rapidement et le traitement débuter dans la foulée. Sur la figure, on voit que l'oxygénation baisse pratiquement tout au long de la nuit parallèlement aux apnées et hypopnées.

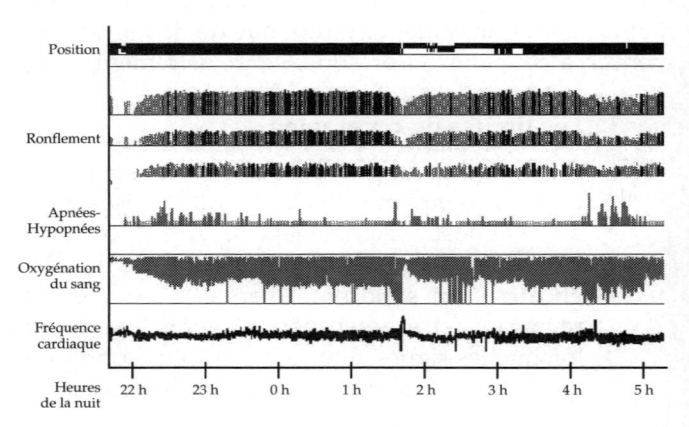

La polygraphie ventilatoire de Xavier

➤ La polysomnographie

L'examen polysomnographique est l'examen du sommeil le plus sophistiqué.

Outre l'enregistrement des signaux respiratoires précédents, il recueille d'autres signaux qui permettent de reconnaître la succession des différents stades de sommeil.

Des électrodes sont collées sur le cuir chevelu pour enregistrer l'électroencéphalogramme. Chaque stade est caractérisé par un rythme particulier :

— L'éveil calme les yeux fermés est caractérisé par le rythme alpha.

— Le stade I se caractérise par des ondes plus irrégulières et de bas voltage.

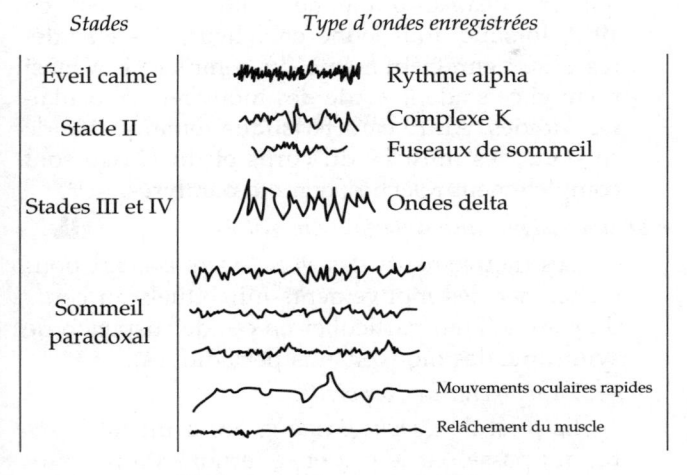

Stades	Type d'ondes enregistrées
Éveil calme	Rythme alpha
Stade II	Complexe K / Fuseaux de sommeil
Stades III et IV	Ondes delta
Sommeil paradoxal	Mouvements oculaires rapides / Relâchement du muscle

L'examen polysomnographique

— Le stade II (sommeil confirmé) est un stade où les spécialistes repèrent les figures très particulières des fuseaux de sommeil et des complexes K, déclenchés par des structures internes du cerveau impliquées dans le sommeil.
— Le sommeil lent profond, qui correspond aux stades III et IV est facilement identifiable grâce à ses ondes lentes et amples.
— En revanche, le stade du sommeil paradoxal se caractérise par un tracé encéphalographique intermédiaire entre les stades I et II, par des mouvements oculaires rapides visibles et par une chute

du tonus musculaire. Au cours du sommeil paradoxal, les yeux sont en effet agités, par périodes, par des mouvements oculaires brefs et saccadés qui ont beaucoup étonné William Dement en 1952, lorsque, tout jeune chercheur, il s'est intéressé aux enregistrements du sommeil. Il a ainsi nommé ce stade le stade des mouvements oculaires rapides. Autre caractéristique remarquable de ce stade, les muscles du corps et du visage sont complètement relâchés, comme paralysés.

- *D'autres signaux sont parfois enregistrés*

— Les mouvements des *muscles des jambes* : pour rechercher des mouvements inhabituels au cours du sommeil (en particulier en cas de suspicion de syndrome des mouvements périodiques).

— La *température corporelle*.

— La *pression œsophagienne*, grâce à un tube très fin qui passe par le nez et se termine dans l'œsophage pour mesurer la pression intrathoracique.

La polysomnographie peut se faire à domicile quand il n'y a pas trop de capteurs, mais le plus souvent elle est réalisée sous surveillance, dans un centre d'étude du sommeil.

Au cours de cet examen, l'analyse des différents signaux permet au médecin de comprendre la chronologie des événements. Si un mouvement se produit, on peut savoir si la personne s'est éveillée à cause du mouvement ou si, au contraire, elle a bougé parce qu'elle était réveillée. L'analyse fine des événements respiratoires est possible. On voit des épisodes de lutte respiratoire qui entraînent des microéveils et qui prennent un sens pathologique alors qu'une polygraphie simple ne permet pas toujours d'affirmer ces anomalies.

- *Comment peut-on dormir avec tout ça ?*

C'est la question habituelle ! C'est vrai qu'une fois tous les capteurs branchés vous ressemblez un peu à un sapin de Noël ! Mais en pratique, il est très rare que la gêne soit importante et conduise à des difficultés de sommeil majeures. Habituellement, le sommeil est un peu plus fractionné que d'habitude. Si vous dormez sur le ventre, les capteurs sont un peu gênants. Néanmoins, l'enregistrement, à quelques exceptions près, permet de faire un diagnostic.

- *Dans quels cas vous proposera-t-on de faire une polysomnographie ?*

L'enregistrement complet des différents signaux au cours du sommeil est quasi systématique en cas de somnolence anormale dans la journée et lorsque la cause des troubles du sommeil n'est pas évidente. Il recherche une maladie liée au sommeil (syndrome d'apnées du sommeil, mouvements périodiques nocturnes) et fait partie du bilan dans des pathologies spécifiques, comme la narcolepsie et l'hypersomnie idiopathique. En cas de dépression associée, il permet d'éliminer d'autres pathologies.

Dans l'insomnie, ce n'est pas un examen de routine car bien souvent il n'apporte pas d'autres informations que la confirmation d'un sommeil de mauvaise qualité, ce dont vous vous doutez. Néanmoins, cet examen est indispensable si :

— vous signalez au médecin des ronflements importants avec arrêts respiratoires notés par l'entourage, ou un sommeil agité, car on recherche alors une maladie associée au sommeil ;

— votre fatigue le matin est très importante sans raison apparente ;

— votre insomnie persiste malgré un traitement qui aurait dû améliorer votre sommeil.

➤ Les tests de latence d'endormissement

Ce sont des tests qui se pratiquent dans la journée et dont le but est double :

— Objectiver la somnolence que vous ressentez et confirmer que vous avez vraiment des accès de sommeil incoercibles, ou montrer que vous avez essentiellement l'impression d'être somnolent.

— Voir dans quel stade de sommeil vous vous endormez, et en combien de temps, ce qui permet d'orienter vers certains diagnostics comme la narcolepsie.

Habituellement, ces tests sont réalisés après une nuit de sommeil passée au centre d'exploration, permettant ainsi de contrôler la durée et la qualité de votre sommeil de la nuit précédente.

À quatre ou cinq reprises dans la journée, on vous demande de vous allonger sur le lit. La chambre est plongée dans la pénombre. La consigne est la suivante : « Fermez les yeux, laissez-vous aller au sommeil, ne luttez pas. » Chaque test mesure le temps que vous avez mis à vous endormir et le type de sommeil qui est apparu. Si vous vous endormez très vite et que vous faites plus de deux fois du sommeil paradoxal, l'examen penche en faveur d'une narcolepsie (voir p. 164).

➤ Les tests de maintien d'éveil

Ces tests sont assez proches des précédents. Ils se passent dans les mêmes conditions, après une nuit de sommeil au centre d'exploration. Ils testent votre résistance au sommeil.

À quatre ou cinq reprises dans la journée, on vous demande de vous asseoir dans un fauteuil confortable. La consigne est : « Vous allez garder les yeux ouverts et essayer de ne pas vous endormir. » Chaque test dure 20 minutes.

L'intérêt du test est d'apprécier la propension au sommeil dans des conditions monotones. On peut juger ainsi de l'efficacité d'un traitement contre la somnolence. On peut également avoir une idée de votre capacité à résister au sommeil dans des conditions monotones et à risque comme au volant d'une voiture.

Les maladies qui se cachent derrière l'insomnie

Nous avons vu que l'insomnie est tout d'abord un symptôme qui peut cacher d'autres maladies qu'il faut pouvoir repérer.

Le syndrome des jambes sans repos et les mouvements périodiques des jambes

Le syndrome des jambes sans repos, encore appelé syndrome d'impatiences des membres inférieurs, est un bien curieux symptôme qui empoisonne la vie de ceux qui en sont atteints.

➤ Pas de repos possible !

Dès que la personne se met au repos : assise dans un fauteuil devant la télévision, au cinéma, au théâtre, et, bien sûr, dès qu'elle se couche, elle ressent des sensations très désagréables dans les jambes, parfois dans les bras. Ce sont des impatiences avec picotements, sensations de brûlures, engourdissements qui rendent la position immobile insupportable. La personne doit se lever, marcher, s'étirer, se passer les jambes sous l'eau froide, se masser. Si elle ne peut pas bouger, comme cela est souvent le cas au théâtre par exemple, le supplice est extrêmement pénible. Un de mes patients, grand amateur d'opéra, a préféré renoncer à son plaisir plutôt que de subir une telle torture. Au moment du coucher, à peine la lumière éteinte, les sensations désagréables apparaissent. Il faut rallumer, se lever, se recoucher, rallumer encore, se masser, bouger les jambes, essayer à nouveau de dormir… Ce sont des symptômes qui provoquent de grosses difficultés d'endormissement, et qui peuvent également se reproduire en cours de nuit en cas d'éveil.

➤ Un enfer pour le conjoint

Chez près de 80 % des gens qui ont un syndrome des jambes sans repos existent des mouvements périodiques des jambes. Ces mouvements sont très particuliers, ils n'ont rien à voir avec les sursauts de tout le corps qu'on peut ressentir à l'endormissement, mais ils sont très gênants… pour le conjoint. En effet, ils se traduisent par un mouvement bref de flexion de l'orteil qui remonte vers le pied. Le mouvement peut s'arrêter là. Mais parfois le pied se redresse sur la jambe, et la jambe se plie brutalement sous la cuisse. Le mouvement s'exécute d'un côté, mais parfois des deux. Et il se reproduit comme un métronome, à la fréquence d'un mouvement toutes les 20 à 40 secondes ! Un épisode dure de 5 à 20 minutes et se reproduit habituellement plusieurs fois dans la nuit.

Le dormeur n'a aucune conscience de ces mouvements.

Lorsqu'on fait un enregistrement du sommeil, indispensable pour établir le diagnostic, on voit très bien les mouvements qui surviennent d'une manière répétée et qui entraînent assez régulièrement des microéveils de 2 à 3 secondes. La brièveté des éveils explique que le dormeur ne s'en rend pas compte. Il est en général surpris quand son conjoint lui raconte la nuit.

Ce syndrome entraîne donc des insomnies et bien souvent une somnolence dans la journée.

Dans tous les cas, la fatigue au réveil est importante.

➤ Des causes mal identifiées

Si les causes de cette maladie sont encore mal identifiées, on sait qu'il y entre une composante génétique car on retrouve souvent des parents atteints de la même affection dans les familles de nos patients. Au Canada, les francophones ont deux fois plus de risques d'en être atteints que les anglophones, ce qui va bien dans le sens d'un facteur génétique. La fréquence de la maladie est estimée à 5 % dans la population générale. Elle augmente avec l'âge pour atteindre 44 % des personnes de plus de 65 ans. Fort heureusement, toutes ces personnes ne se plaignent pas de leur sommeil : certaines ne ressentent pas de gêne, d'autres la supportent sans consulter.

Certaines maladies sont connues pour provoquer ce type de troubles, en particulier l'insuffisance rénale, l'anémie, la polyarthrite rhumatoïde, la fibromyalgie et certaines maladies neurologiques comme les polyneuropathies. La grossesse est également un facteur déclenchant. Des médicaments comme les antidépresseurs facilitent leur apparition.

Des travaux récents insistent sur le rôle d'une baisse du fer ou de la ferritine. Celle-ci n'est pas toujours facile à mettre en évidence car les anomalies sont essentiellement visibles dans le liquide céphalorachidien et non dans une simple prise de sang.

Le traitement est médicamenteux. Différents types de produits sont utilisés : des myorelaxants comme le Rivotril, des médicaments contenant de la L. Dopa ou ayant des propriétés dopaminergiques, ou bien encore des produits antiépileptiques.

Les apnées du sommeil

➤ Qu'appelle-t-on apnées du sommeil ?

Les apnées sont un arrêt complet du passage de l'air lors de la respiration pendant plus de 10 secondes. Elles peuvent être liées à un blocage de l'air, on parle alors d'apnées obstructives, ou à une suspension de la commande respiratoire, ce sont alors des apnées centrales. Il y a également des apnées qui sont de mécanisme mixte, à la fois obstructives et centrales.

Le mécanisme est cependant le plus souvent obstructif.

L'obstruction est liée à deux phénomènes :

1. Un rétrécissement des voies aériennes supérieures :

— Lié à une obstruction nasale (ce sont des gens qui parlent souvent du nez) en cas de rhinite chronique (inflammation des muqueuses nasales), ou en raison de polypes qui forment des excroissances qui gênent le passage de l'air.

— Siégeant au fond de la gorge, en raison d'une base de langue trop grosse, d'une luette trop longue ou trop épaisse. Le plus souvent, cet épaississement des tissus est tout simplement lié à une prise de poids. Lorsqu'on grossit, la graisse est stockée sur le ventre où elle fait des bourrelets disgracieux mais infiltre également le fond de la gorge. Parfois, cet épaississement des tissus cutanés et muqueux est en rapport avec une hypothyroïdie ou avec une maladie encore plus rare, l'acromégalie.

— Secondaire à des particularités anatomiques du visage. Ainsi les personnes dont le visage est long avec un menton fuyant ont une prédisposition morphologique aux apnées du sommeil, même en l'absence de prise de poids.

2. Cette obstruction anatomique est aggravée par l'hypotonie des muscles de la région oro-pharyngée (c'est-à-dire du fond de la gorge) au cours du sommeil. En effet, lors des différents stades de sommeil, les muscles se relâchent, non seulement ceux des bras et des jambes mais également ceux de la langue ou du pharynx. De ce fait, les parois du fond de la gorge ont tendance à se fermer comme un diaphragme, empêchant l'air de passer normalement.

Quand la fermeture des voies aériennes supérieures est complète, on parle d'apnée. Quand l'air parvient à passer au prix d'une lutte et d'un effort respiratoire fatigant, il s'agit d'une hypopnée. Le ronflement est lui aussi une forme de lutte *a minima* : on ronfle quand l'air frotte sur les parois des voies aériennes un peu rétrécies. Les apnées et les hypopnées entraînent une baisse d'oxygénation du sang. Le cœur travaille alors anormalement au cours du sommeil pour essayer de mobiliser toutes les réserves en oxygène. Le sommeil n'est plus un moment de repos, mais devient un véritable marathon. Cela explique pourquoi un apnéique se réveille épuisé le matin.

➤ Quand s'inquiéter ?

> *François, 54 ans, est venu consulter essentiellement à cause de sa femme qui se plaint d'un ronflement. « Il a toujours ronflé, dit-elle, mais depuis deux ans ça devient franchement insupportable. Son ronflement est énorme, et par moment il fait de drôles de bruits. J'ai l'impression qu'il étouffe et qu'il a du mal à reprendre sa respiration. Je m'inquiète. » François ne se rend compte de rien, ou presque, car parfois il s'entend ronfler, et ça le réveille. Il s'endort vite. « Je n'ai aucun problème de sommeil », ajoute-t-il. Son sommeil est lourd, tout au moins jusqu'à 5 heures du matin, après, il a la sensation d'un sommeil plus léger. Il se réveille vers 6 heures et demie car il part de bonne heure au bureau. Son réveil est pâteux. Il a l'impression d'être fourbu et a souvent mal à la tête. C'est nouveau, depuis ces derniers mois. Dans la journée, il est très actif, se partage entre ses responsabilités de directeur d'une société de machines agricoles et sa fonction de*

> *maire adjoint. Il n'a plus le temps de faire du sport. Cette année, il a pris 6 kg. Il a dû changer ses costumes et ses chemises qui sont maintenant trop étroites au niveau du cou. Dans la semaine, il accuse des moments de fatigue, « des coups de barre passagers », précise-t-il, surtout en réunion quand il est inactif. Au volant, il est obligé de s'arrêter sur les longs trajets car il sent une torpeur l'envahir. Le week-end, il ne s'organise pas de sieste mais sa femme lui fait remarquer qu'il s'endort souvent dans un fauteuil. « C'est normal, dit-il, le week-end je me détends, je peux enfin me reposer. » Son médecin surveille sa tension, car lors des deux précédentes visites, il a détecté une tension artérielle au-dessus de la normale. Mais François a encore trouvé des excuses : « J'étais stressé », explique-t-il. Néanmoins son médecin a été ferme, si sa tension est encore élevée dans 15 jours, un traitement antihypertenseur sera à prévoir.*

On sait maintenant que le syndrome d'apnées du sommeil est un facteur de risque très important de complications cardio-vasculaires ou d'accidents vasculaires cérébraux. Il touche plus particulièrement l'homme que la femme, sauf après la ménopause où la femme a le même risque qu'un homme du même âge.

Donc, si vous avez plus de 50 ans et que vos troubles du sommeil sont nouveaux, il faut vous poser les questions précédentes et ne pas hésiter à en parler à votre conjoint, si vous vivez en couple. C'est lui (ou elle) qui est le premier témoin de votre sommeil. Ses remarques vous permettront de préciser si la piste d'anomalies respiratoires est à explorer.

Pour les personnes seules, la situation est plus délicate. Néanmoins, il est fréquent qu'à l'occasion d'un voyage ou d'un déplacement, les amis ou la famille proche leur fassent remarquer un ronflement sonore, une respiration bizarre, qui doit les inquiéter s'ils se réveillent par ailleurs fatigués ou peu en forme.

IL FAUT PARLER À VOTRE MÉDECIN SI :

— Vous êtes fatigué et/ou si vous avez des accès de somnolence dans la journée.
— Vous avez un ronflement important, surtout s'il s'est accentué récemment.
— Votre conjoint note des arrêts respiratoires au cours de votre sommeil.
D'autres signes peuvent orienter le diagnostic :
— Vous ressentez une fatigue et/ou des maux de tête au réveil.
— Vous remarquez une prise de poids importante en peu de temps, avec élargissement de votre cou.
— Vous avez des troubles associés : hypertension, pathologie coronarienne, ou accident vasculaire cérébral.

➤ Comment faire un diagnostic de syndrome d'apnées du sommeil ?

Pour François, un enregistrement ambulatoire des paramètres respiratoires a permis de faire le diagnostic de syndrome d'apnées du sommeil. Il est venu le soir au cabinet du médecin spécialiste pour la pose des capteurs. Une demi-heure après, il prenait le chemin de son domicile. Il a dormi dans son lit, un peu gêné par les fils, mais content d'être à la maison. Le lendemain, il a débranché les capteurs, mis tout le matériel dans un petit sac, pour le rapporter en cours de journée au médecin qui allait interpréter tous les signaux et poser le diagnostic. Il avait 48 apnées et hypopnées par heure, ce qui signe un syndrome d'apnées du sommeil assez sévère.

Comme nous l'avons vu, cet examen peut aussi se faire, dans certains cas, en hospitalisation avec une surveillance par un technicien. L'enregistrement est une simple polygraphie ventilatoire quand la symptomatologie est franche et qu'on suspecte une pathologie respiratoire au cours du sommeil. En revanche, quand les symptômes sont plus complexes, avec plusieurs pathologies possibles, on réalise une polysomnographie complète, avec analyses des stades de sommeil et d'autres paramètres.

On considère qu'il existe un syndrome d'apnées pathologique quand l'ensemble des événements respiratoires, apnées et hypopnées, se chiffre à plus de 10 par heure de sommeil. Il existe des syndromes d'apnées graves avec des index de 80 à 100 apnées ou hypopnées par heure, soit plus d'une fois par minute.

➤ Comment les traiter ?
• *Hygiène de vie et amaigrissement*

Ce sont des mesures essentiellement préventives mais qui parfois permettent de faire disparaître, ou tout au moins d'atténuer, certains syndromes d'apnées.

— Nous avons vu que la prise de poids facilite l'obstruction des voies aériennes supérieures. *A contrario* la perte de poids n'entraîne pas toujours une disparition des apnées. Cette perte de poids, pour être efficace, doit être importante et durable.

— L'alcool doit être évité, surtout le soir car il aggrave les apnées. Il entraîne une dépression respiratoire en agissant sur les centres nerveux du contrôle de la respiration.

— Il en est de même des médicaments sédatifs, en particulier des benzodiazépines (médicaments fréquemment prescrits dans l'anxiété et dans l'insomnie).

— Le tabac est connu pour aggraver l'inflammation des voies aériennes supérieures et favorise un syndrome d'apnées.

DES MESURES DE PRÉVENTION

— Éviter la prise de poids.
— Ne pas boire d'alcool le soir.
— Éviter les médicaments sédatifs le soir, si vous êtes un gros ronfleur.
— Éviter de fumer le soir et avant le coucher.
— Éviter de dormir sur le dos.

— Dans certains cas, les apnées ne surviennent que principalement ou exclusivement dans la position sur le dos. Il existe alors un truc très simple qui empêche la personne de dormir dans cette position. Il suffit de coudre une poche dans le dos de la veste de pyjama et d'y insérer au moment du coucher une demi-balle de tennis ou une balle de golf. Il est alors impossible de rester sur le dos.

• *La ventilation nocturne à pression positive continue (PPC)*
Encore appelée CPAP, abréviation américaine de Continuous Positive Airway Pressure, ce traitement mécanique consiste à envoyer de l'air dans les narines grâce à un masque nasal dont les contours s'appuient autour du nez (racine du nez, ailes du nez, et sous le nez). Le masque est relié par un tube à un petit com-

presseur de la taille d'une boîte à chaussures posée par terre à côté du lit. L'air envoyé sous pression permet d'ouvrir les voies aériennes supérieures, en supprimant l'obstacle à l'origine des apnées.

Cet appareil est le traitement de choix des apnées : après un premier mois de familiarisation à la machine et de réglages divers (du masque, de la pression, de correction des fuites), le traitement est habituellement bien accepté car l'effet est assez spectaculaire. La personne se réveille en forme, avec le sentiment d'un sommeil reposant et récupérateur, elle n'est plus fatiguée dans la journée. La somnolence diminue ou disparaît sous traitement (néanmoins près de 50 % des personnes la ressentent encore). La suppression des apnées permet de diminuer le risque de complications cardio-vasculaires, qui redevient celui d'une personne normale sans apnée.

> *François a accepté l'idée du traitement par PPC. Un peu réticent au début (les photos qu'il avait vues de patients traités lui évoquaient l'équipement assez peu sexy d'un plongeur sous-marin), il s'est senti rapidement transformé. Enfin, il se réveille en forme. Il se rend compte qu'il n'avait pas conscience de la fatigue qu'il traînait tout au long de la journée. Maintenant, il se sent « léger ». Sa femme est ravie de ne plus entendre de ronflement. À la place, elle perçoit le petit soufflement de la machine.*

- **L'orthèse dentaire**

Ce sont des appareils dentaires qui se mettent dans la bouche au moment du coucher et qui s'appuient sur les arcades dentaires supérieure et inférieure. Leur forme est étudiée pour que la mâchoire inférieure soit légèrement poussée en avant, afin de tirer sur l'orifice oro-pharyngé, et donc d'ouvrir le passage de l'air au fond de la gorge. Il n'y a pas actuellement d'appareil standard qui marche chez tous les patients. De nombreux systèmes existent. L'adaptation par les dentistes ou les orthodentistes dépend beaucoup de la dextérité et de l'inventivité de chacun. Par ailleurs, ces appareils sont fragiles : ils s'usent et peuvent se casser. S'ils donnent de bons résultats chez certaines personnes, ceux-ci sont encore trop inconstants pour en faire une solution alternative à la PPC.

- *La chirurgie*

Plusieurs techniques sont utilisées. Les plus courantes sont réalisées par des ORL. Ils cherchent à élargir l'espace aérien du fond de la gorge, le plus souvent en retirant la luette, et en ouvrant le voile du palais, soit par chirurgie classique (au bistouri), soit au laser, soit, plus récemment encore, avec une sonde qui détruit les tissus par émission de radiofréquences.

Les deux premières techniques sont douloureuses alors que la troisième est quasiment indolore. Cependant, les résultats ne sont pas assurés. Ces opérations entraînent la disparition du ronflement dans environ 50 à 60 % des cas. Leurs effets sur les apnées sont plus inconstants, avec souvent des rechutes trois ans plus tard. Ces techniques semblent intéressantes dans les ronflements simples ou dans les syndromes d'apnées légers, et en l'absence d'obésité sévère.

D'autres techniques chirurgicales plus lourdes intervenant sur la mâchoire ont été proposées. On parle de technique d'avancée mandibulaire. Les résultats sont variables selon les équipes. Elles gardent un intérêt en cas de syndrome d'apnées sévère lorsque les autres traitements sont inefficaces ou non supportés par le patient.

La dépression

Nous avons vu que la dépression est fréquemment associée à l'insomnie. Elle nécessite toujours une prise en charge médicale. Votre médecin généraliste pourra mettre en route un traitement médicamenteux, mais il vous adressera souvent à un médecin psychiatre. Le traitement médicamenteux n'est qu'une partie du traitement. Les meilleurs résultats thérapeutiques sont obtenus en associant antidépresseurs et psychothérapie.

Tout d'abord, il faut comprendre l'origine de votre dépression :

— S'agit-il d'une dépression qui survient dans un contexte de traumatisme psychologique difficile (deuils, séparation, licenciement...) ?
— Survient-elle sans cause apparente ?
— Avez-vous des personnes de votre famille qui souffrent des mêmes troubles ?
— Y a-t-il eu des suicides ou des tentatives de suicide parmi vos proches parents ?

La prise en charge ne sera pas la même si vous avez une forme de dépression réactionnelle à un événement bien particulier, ou si vous avez une dépression endogène avec des antécédents familiaux importants.

Enfin, certaines dépressions surviennent dans le cadre d'une maladie connue depuis la Grèce antique, la maladie maniaco-dépressive. Elle a pour caractéristique de s'accompagner de rechutes périodiques de dépression, parfois entrecoupées ou suivies d'accès maniaques. Ce terme ne veut absolument pas dire que la personne a des manies au sens commun du terme, ce sont des périodes d'hyperactivité, associées à une excitation avec euphorie ou agressivité. Ces épisodes sont parfois très productifs sur le plan professionnel ou créatifs sur le plan artistique. Mais ils sont le plus souvent très difficiles à vivre (pour l'entourage surtout). Les projets fusent dans tous les sens, la personne passe de l'un à l'autre sans pouvoir les mener à terme. Lors de ces accès, le sommeil est dramatiquement diminué : la personne est toujours en activité, et supporte remarquablement la privation de sommeil.

Outre les antidépresseurs, des médicaments stabilisant l'humeur sont prescrits lorsqu'il y a eu plusieurs rechutes.

La régulation du sommeil chez le déprimé est parfois si perturbée que le patient a non seulement un mauvais sommeil de nuit mais est en plus somnolent dans la journée.

L'angoisse pathologique

L'anxiété et l'angoisse sont avec la dépression la cause de la moitié des insomnies.

Être anxieux dans certaines situations, avant un examen, lors d'une intervention chirurgicale est une réaction normale.

En revanche, présenter une anxiété permanente, développer des crises d'angoisse sans raison apparente, des crises de panique, nécessite une évaluation par un psychiatre.

De nombreuses maladies psychiatriques sont à l'origine de tels symptômes.

Dans les troubles de la personnalité, le sujet a tendance à réagir avec une émotivité excessive en raison d'un fond d'anxiété permanente qui le rend trop réactif.

Concernant le sommeil, les TOC (troubles obsessionnels compulsifs) peuvent être particulièrement invalidants. Ils se traduisent par la nécessité de vérifier un certain nombre de choses dans la maison, ou à l'extérieur, selon des rituels qui peuvent se multiplier à l'infini. Une femme est venue me consulter pour une insomnie d'endormissement avec consommation importante de somnifère. Elle prenait un comprimé vers 21 h 30, un deuxième comprimé au coucher et un demi ou un troisième comprimé une à deux heures après le coucher. En réalité, cette dame était de plus en plus angoissée lorsque la soirée avançait. Elle avait des rituels de vérification qui l'obligeaient à faire le tour de la maison dès la fin du dîner. Elle vérifiait que le gaz était coupé, la porte bien verrouillée, le frigo et le congélateur en état de marche, bien fermés. Une fois cette première vérification réalisée, elle prenait le premier comprimé. Ne ressentant pas l'envie de dormir, elle repartait dans un second circuit vérificatoire et prenait ensuite le deuxième comprimé. Elle se mettait au lit, mais des doutes torturants l'assaillaient : et si la porte était mal verrouillée ? Et si le congélateur était mal fermé ?... Elle tentait de rester au lit, mais elle se sentait de plus en plus tendue, et n'arrivait pas à oublier ses rituels : « Si je ne les fais pas, il va se passer une catastrophe : la maison va brûler, le congélateur s'arrêter... » N'y tenant plus elle se levait, et recommençait...

Il existe des crises de panique qui surviennent quasi exclusivement ou principalement au coucher. La situation est très pénible pour la personne qui ressent une impression de mort imminente avec une accélération cardiaque, des douleurs oppressantes, des malaises avec sensations de chaleur, de vide, de vertiges. Ce type de trouble, appelé trouble panique, est souvent associé à une dépression qui survient généralement dans un second temps, quelques mois à quelques années après.

> *Ce type de malaise était apparu chez Jérôme, un agriculteur solide, âgé de 53 ans, que rien ne prédisposait apparemment à de tels troubles. Il avait subi de nombreux examens cardiaque, respiratoire, électroencéphalographique (un médecin avait pensé à une épilepsie). Tous étaient revenus négatifs. Il consultait pour voir si des anomalies de son sommeil ne pouvaient pas expliquer toutes ces perturbations. En fait, ces malaises étaient apparus dans les mois qui avaient suivi la mort de sa mère. Celle-ci était décédée à la suite d'une lente dégradation liée à un cancer généralisé. Il ne s'en était pas beaucoup occupé. Elle était loin. Il se reprochait maintenant de ne pas avoir pris le temps d'aller la voir plus souvent. De ne pas avoir été près d'elle quand elle est partie. Ses premières angoisses sont apparues au volant, il avait une horrible sensation d'instabilité lorsque les voitures étaient trop proches, surtout sur l'autoroute. Je rassurais Jérôme sur son sommeil et ses capacités à retrouver un sommeil reposant. Un traitement antidépresseur associé à une psychothérapie a permis à Jérôme de retrouver un sommeil satisfaisant.*

Dans les psychoses, la personne connaît des périodes d'angoisse très déstructurantes, où elle se sent en danger, et peut avoir des réactions violentes (fuites, fugues, agressivité, tentative de suicide). La nuit, elle est souvent assaillie par des cauchemars très angoissants et très pénibles, avec des scènes souvent morbides et sanguinolentes.

Le psychiatre est le spécialiste qui peut faire la part des choses et accompagner le patient pour mettre au point avec lui le traitement le plus adapté, qu'il soit médicamenteux ou psychothérapique.

Et quand on dort trop ?

Dormir trop dans la journée, ou avoir un sommeil envahissant ne signifie pas obligatoirement que la personne se plaint d'un mauvais sommeil nocturne. La somnolence diurne excessive accompagne, nous l'avons vu, certaines pathologies comme le syndrome d'apnées du sommeil, le syndrome des mouvements périodiques, la dépression. En revanche, elle n'existe pas dans l'insomnie primaire.

Il existe des maladies qui se traduisent par une somnolence diurne, ou des accès de sommeil très invalidants.

Toute somnolence diurne doit faire l'objet d'un avis spécialisé. Si la cause est évidente – grosse privation de sommeil, traitement nouveau ayant des propriétés très sédatives, utilisation abusive de drogues ou d'alcool –, une exploration du sommeil n'est pas indispensable sur-le-champ, mais cette somnolence doit être réévaluée quelque temps plus tard. Sa persistance conduira, dans la plupart des cas, à des investigations complémentaires.

La narcolepsie

La narcolepsie est une maladie décrite au siècle dernier par Gélineau (d'où son autre nom de maladie de Gélineau). Elle débute le plus souvent à l'adolescence mais peut se déclencher plus tardivement. Maladie rare, elle touche néanmoins une personne sur 2 000 en Amérique du Nord et en Europe et serait, au Japon, de 1 pour 600. Elle n'est souvent pas reconnue au début, et il faut en moyenne onze ans pour qu'elle soit diagnostiquée. Il existe une transmission génétique qui fait que 98 % des narcoleptiques ont un groupage HLA particulier (DQB1 06-02). Dans la plupart des cas, il y a une baisse de l'hypocrétine dans le liquide céphalo-rachidien (l'hypocrétine est une substance fabriquée dans le cerveau et impliquée dans la régulation du sommeil).

Cette maladie se traduit par :

— Des accès de sommeil incoercibles qui surviennent d'une manière inopinée quelles que soient les circonstances (en travaillant, en parlant à quelqu'un, en bricolant, en mangeant...).
— Des accès de chute brutale du tonus musculaire (on parle de cataplexie) déclenchée par les émotions : fou rire, surprise, colère, excitation...
— Des hallucinations hypnagogiques : ce sont des images, des sons, des impressions (sensation de présence étrangère), perceptions corporelles étranges... qui surviennent quand la vigilance baisse, en pleine journée ou au moment du coucher.
— Des paralysies du sommeil : elles se traduisent par l'impression d'être paralysé alors qu'on se réveille de son sommeil. Elles se produisent surtout en fin de nuit car elles correspondent à un

éveil incomplet qui survient en sommeil paradoxal. Dans ce stade de sommeil, le corps est physiologiquement paralysé. De ce fait, en cas d'éveil incomplet, l'esprit est bien éveillé alors que le corps, encore endormi, ne répond pas aux commandes qu'envoie le cerveau.

Malheureusement, le sommeil de nuit est le plus souvent de très mauvaise qualité. L'endormissement est perturbé par les hallucinations hypnagogiques souvent très désagréables et angoissantes. Le sommeil est ensuite entrecoupé par de nombreux éveils.

La maladie ne commence souvent que par des accès de sommeil, les accès de cataplexie apparaissant plus tardivement ou restant très exceptionnels.

Cette maladie est gênante sur le plan social, car il est difficile en milieu scolaire ou en milieu professionnel de faire accepter l'idée que le sommeil est irrépressible.

Pourtant, une sieste brève de dix à quinze minutes peut suffire pour restaurer une vigilance de bonne qualité et permettre à la personne de continuer sa tâche. Malheureusement, la somnolence revient le plus souvent assez vite, entre une à trois heures après.

QUELQUES CONSEILS À RESPECTER

— Éviter l'alcool.
— Éviter la privation de sommeil.
— Ne pas lutter contre l'envie de dormir (surtout au volant).
— Faire des siestes brèves pour récupérer et anticiper certaines activités quand on a l'obligation de rester éveillé plusieurs heures.
— Expliquer à son entourage, y compris professionnel, ce qu'est la narcolepsie.

Des traitements médicamenteux existent : le Modafinil (Modiodal) est un médicament qui permet de restaurer une vigilance de bonne qualité. Il est habituellement bien supporté à l'exception de rares cas de sensations d'énervement avec fébrilité.

Parfois, il faut utiliser des amphétamines comme la Ritaline, lorsque le traitement précédent est insuffisant. Lorsque les accès de cataplexie sont gênants, un traitement par antidépresseurs permet habituellement de les contrôler.

Enfin, des somnifères sont assez souvent associés pour lutter contre des éveils répétés et gênants.

L'hypersomnie idiopathique

C'est une maladie qui se traduit par des accès de sommeil plus progressifs que dans la narcolepsie mais qui entraîne des siestes souvent de très longue durée.

Le sommeil de nuit est habituellement perçu comme bon et très calme, mais le réveil est horriblement difficile.

Alexandre est un jeune homme de 22 ans qui travaille dans une grande surface comme magasinier. Le matin, il commence à 8 heures, et il arrive très souvent en retard à son travail. Son chef, tolérant au début, lui a donné un premier avertissement lorsqu'il a pris son poste deux jours de suite à 11 heures. La situation ne s'améliorant pas, il le menace d'un second avertissement. En fait, Alexandre ne le fait pas exprès. Tous les matins, il a une stratégie impressionnante pour se réveiller : il met un premier réveil à 6 heures qui est branché sur sa chaîne hi-fi. Un

> *quart d'heure après, il utilise les services de France-Télécom pour l'appeler. À 7 heures, il est convenu que sa mère le relance au téléphone pour s'assurer qu'il est bien réveillé. Sans succès ! Il a tenté de mettre sa chaîne hi-fi à fond. Il ne s'est pas plus réveillé. En revanche, tout le quartier l'a été. Ses voisins ont fait une pétition auprès de l'office HLM pour l'obliger à supprimer ce réveil intempestif. Spontanément, Alexandre dort de 22 heures à 11 heures du matin. Il a besoin de ces treize heures pour être à peu près en forme. Dans la mesure où son quota de sommeil est satisfait, il n'est pas trop somnolent dans la journée. De tels besoins de sommeil sont un vrai handicap dans la vie.*

L'hypersomnie idiopathique se traite aussi avec du Modafinil. Les besoins de sommeil sont à respecter. Malheureusement, la sieste n'apporte pas, comme dans la narcolepsie, une restauration de la vigilance.

L'origine de cette maladie est encore inconnue.

SOMNOLENCE ET ACCÈS DE SOMMEIL INTEMPESTIFS

Il y a encore beaucoup à faire pour informer les milieux professionnels et alerter les employés et les employeurs. S'endormir au travail ne veut pas dire obligatoirement qu'on est paresseux ou qu'on fait la fête tous les soirs comme on a tendance à le penser. La somnolence peut cacher une maladie.

Si vous voyez quelqu'un s'endormir régulièrement à l'école, à la fac, au travail, ne souriez-pas ! Essayez d'en parler avec lui. S'il n'y a pas de cause évidente à cette somnolence, incitez-le à consulter.

Qu'attendre des autres traitements de l'insomnie ?

Dans les journaux, dans les pharmacies, vous verrez des publicités à peine déguisées sur des produits miracles censés vous rendre le sommeil. Il existe en effet certains produits, plantes, traitements homéopathiques dont les vertus apaisantes sont toujours très favorables au sommeil. Mais peu de produits ont fait la preuve de leur efficacité. La question qui reste en suspens est de savoir ce qui guérit. Est-ce la substance absorbée, mais pourtant si peu active que les souris de laboratoire n'y répondent pas, ou est-ce la rencontre thérapeutique entre un médecin qui écoute et un patient qui parle enfin de son insomnie ? Ce que ce livre ne peut pas vous apporter, comme d'ailleurs n'importe quel autre livre, c'est cet échange, cette relation de confiance qui s'établit entre le médecin et son patient. Donc n'hésitez pas à parler de votre insomnie à votre médecin, non pas pour obtenir une prescription miracle, mais pour mieux la comprendre.

Homéopathie et phytothérapie

Vous aurez compris avec ce qui précède que je ne suis pas convaincue de l'intérêt des médicaments homéopathiques ou phytothérapiques. Il faut dire que les patients qui viennent me voir ont très largement essayé tous ces produits sans grand succès.

Néanmoins une étude sur un petit nombre de patients aurait mis en évidence un certain effet de l'Euphytose (mélange d'aubépine, de passiflore, de valériane et de ballote) sur le sommeil avec diminution des éveils et augmentation du sommeil lent profond. En revanche, l'étude comparée de deux tisanes, l'une « active » contenant du tilleul, de l'aubépine, de la mélisse, du bigaradier, de l'origan, l'autre placebo selon les phytothérapeutes, avait montré que les deux groupes s'amélioraient de la même façon.

Il faut savoir que l'effet placebo existe, comme l'a bien montré le docteur Patrick Lemoine. Le simple fait de prendre un produit dans le but de se soigner donne des résultats efficaces dans 30 % des cas, alors même que la substance utilisée n'a aucun effet connu sur le symptôme.

Le pouvoir thérapeutique est sans doute augmenté quand il s'accompagne d'un échange entre le médecin et le patient. L'homéopathe et le phytothérapeute peuvent donc vous aider. Ils sont souvent très à l'écoute de leur patient et prodiguent des conseils de bon sens.

Pour l'enfant il faut souligner que ces traitements ne sont peut-être pas anodins. Si ces produits n'entraînent pas de dépendance chimique à une substance, le fait de prendre quelque chose tous les soirs avant de dormir inculque à l'enfant qu'il n'est pas capable de dormir tout seul, et le prépare à devenir un angoissé du coucher. Il ne faudra pas s'étonner alors de le voir devenir un futur insomniaque à l'âge adulte.

L'acupuncture

Un acupuncteur de mes amis racontait qu'il avait régulièrement des patients insomniaques qui s'endormaient en cours de séance ! L'acupuncture est une médecine ancienne, un peu mystérieuse dans ses effets sur l'insomnie car il n'y a pas eu d'étude scientifique qui a prouvé son efficacité. Néanmoins, certains patients rapportent une amélioration favorable de leur symptôme après une série de séances. Il semble que l'effet disparaisse à distance des séances. Chaque séance est assez longue, elle fait souvent l'objet d'un échange entre le médecin et le patient. Par quel mécanisme peut-on expliquer l'amélioration ? Effet propre de la technique ? Soutien psychothérapique ? Croyance qui entraîne un effet placebo ? Il est impossible actuellement de trancher. Toujours est-il que si l'acupuncture vous réussit, n'hésitez pas à continuer. Le but est de vous sentir mieux !

L'hypnose

« Regardez-moi dans les yeux et dormez, je le veux ! » L'hypnose actuelle est bien loin de cette caricature. L'état hypnoïde ne peut pas être induit chez n'importe qui. Il faut avoir des capacités particulières de suggestibilité et accorder une grande confiance au thérapeute. Dans certains cas le thérapeute est très directif, ce qui peut être efficace si le patient accepte la dépendance qui s'instaure, mais en braque totalement d'autres qui refusent d'entrer dans ce type de relation thérapeutique.

Une autre approche de l'hypnose est en réalité plus près de la relaxation que de l'hypnose. On parle alors de sophrologie. Alors que le patient est complètement relaxé, le thérapeute le fait travailler sur des scénarios imaginaires qui reprennent les situations angoissantes ou pénibles que connaît le patient. Au fur et à mesure des séances, l'angoisse est contrôlée puis remplacée par des réactions positives.

Dans l'insomnie ces techniques peuvent être intéressantes en cas d'angoisse déclenchée par la situation du coucher.

> *Véronique, âgée de 29 ans, est venue consulter pour une insomnie ayant débuté dans l'adolescence. Elle retarde le coucher pour ne se mettre au lit que vers minuit et demi ou une heure du matin. Plus la soirée avance, plus elle se sent tendue. Son travail de conseil en entreprise l'oblige à se déplacer souvent en province. Lorsqu'elle dort à l'hôtel, la situation empire, elle ne s'endort que vers 2 ou 3 heures du matin. Elle ne se sent pas en sécurité, est obligée de vérifier que la porte est bien fermée, elle place même un fauteuil derrière la porte pour barrer la route à une intrusion possible. Au décours de la seconde consultation elle rapporte avec difficultés que de l'âge de 8 ans à 13 ans elle a subi les assauts sexuels d'un ami de ses parents chez lequel la famille passait régulièrement des week-ends. Ce souvenir est très tenace et pénible. Il ne revient pas particulièrement au coucher, mais apparaît souvent au travers de cauchemars d'agression. Nous avons commencé un travail de relaxation puis de sophrologie, en s'attachant particulièrement à l'instauration d'images positives au moment du coucher. Peu à peu, elle s'est sentie plus confiante, moins tendue, ses horaires de coucher se sont avancés. Elle a pu surmonter ses peurs lors de ses déplacements.*

La relaxation

La relaxation est une technique que nous avons développée dans le chapitre précédent. Elle peut s'acquérir seul avec l'aide de livres ou de supports audio mais il est plus facile de travailler avec un thérapeute. Il s'agit le plus souvent de médecins, de psychologues, de kinésithérapeutes ou d'autres professions paramédicales (infirmières, orthophonistes) qui ont appris la technique en plus de leur formation initiale. On voit de plus en plus de petites annonces pour des sophrologues ou des relaxologues qui n'ont aucune formation médicale à la base. Ils ont le plus souvent suivi une formation aux techniques de relaxation, néanmoins aucun diplôme n'est reconnu officiellement. Finalement, n'importe qui peut s'installer comme relaxologue, sophrologue ou hypnologue, ce qui peut poser problème. Il y a cependant des gens très sérieux, qui même sans formation médicale font très bien leur travail. Un conseil donc, si vous devez faire de la relaxation et encore plus de l'hypnose, assurez-vous que le thérapeute travaille dans un cadre précis, avec des garanties de sérieux. Un thérapeute qui a un diplôme médical ou paramédical est un soignant, ce qui est *a priori* plus rassurant. Néanmoins les faits divers viennent parfois malheureusement apporter la preuve du contraire. Pour les autres choisissez quelqu'un qui vous est recommandé (par un ami, votre médecin, votre pharmacien).

La relaxation demande un temps d'apprentissage. Il faut entre 6 et 12 séances pour acquérir une formation solide. Au début il ne faut surtout pas utiliser la relaxation au coucher, mais au contraire faire ses exercices à distance de la mise au lit. Une fois que vous aurez l'impression de pouvoir induire rapidement un état de détente vous pourrez commencer à utiliser la technique pour faciliter l'endormissement ou vous aider à vous rendormir en cas d'éveil dans la nuit.

L'abord psychothérapique

Vous avez compris en lisant ces pages que le sommeil obéit à des mécanismes complexes. Il implique notre corps et surtout notre esprit. Nos états d'âme ont une forte influence sur la qualité de notre sommeil. En dépit de toute la volonté que vous avez mobilisée pour retrouver le sommeil par vous-même, il se peut que vous butiez sur des difficultés psychologiques qui vous empêchent de trouver les solutions. Dans ce cas il ne faut pas hésiter à consulter un spécialiste psychiatre ou psychologue.

Il y a plusieurs types de psychothérapies :

➤ Les psychothérapies comportementales et cognitives

Ce sont des approches thérapeutiques où le thérapeute étudie avec vous votre manière d'aborder le sommeil, vos pensées, vos comportements, vos habitudes, comme nous l'avons fait en première partie de ce livre. Il vous aide ensuite à modifier votre relation au sommeil. Mais le thérapeute vous apporte en plus ses encouragements, ses conseils et sa conviction. Changer ses habitudes, s'imposer de nouvelles règles est plus facile à faire quand on est soutenu que lorsqu'on est seul. L'indication de choix de ce type d'approche est l'insomnie psychophysiologique.

Elles se pratiquent en individuel avec un thérapeute ou en groupe de 6 à 12 personnes. Le thérapeute a besoin d'une formation complémentaire sur les mécanismes du sommeil et ses pathologies. De ce fait il y a pour le moment peu de thérapeutes en France qui pratiquent ce genre de prise en charge et encore moins de groupes qui fonctionnent. Néanmoins la formation des médecins et des psychologues progresse. On peut imaginer que d'ici deux ou trois ans ce type d'approche sera accessible dans toutes les villes françaises.

➤ Les psychothérapies d'inspiration analytique

Elles sont très différentes des précédentes. Leur but est de comprendre la psychodynamique de votre trouble. D'y trouver un sens. Dans l'insomnie il y a souvent des fantasmes d'agression (comme dans le cas de Véronique), la réactivation d'une angoisse de mort ou d'une problématique de séparation. Plonger dans le sommeil nécessite de ne pas avoir peur de se laisser aller vers un monde inconnu. C'est accepter de se séparer du monde des vivants. C'est pourquoi il y a autant d'angoisse mobilisée au coucher. Lorsque celle-ci est trop importante, les techniques comportementales ne sont pas toujours suffisantes pour la contrôler. Il faut aller plus loin, comprendre, évacuer, dépasser le nœud du problème. Le psychothérapeute est là pour vous y aider. C'est un travail long, parfois difficile mais le plus souvent passionnant.

Chapitre 7

Les cas particuliers

Le jet-lag

Lorsque vous prenez l'avion pour aller en Amérique ou vous rendre en Asie, vous franchissez plusieurs fuseaux horaires, ce qui provoque un décalage plus ou moins important selon la destination. Au-delà de trois heures de décalage vous sentirez des manifestations physiques qui constituent ce qu'on appelle le « jet-lag ». Fatigue, envie de dormir en pleine journée, troubles du sommeil la nuit, sensation de faim intempestive à des horaires inhabituels (qui vous réveille le matin si vous êtes aux États-Unis), troubles de mémoire, sentiment bizarre « d'être à côté de la plaque », tous ces signes sont l'expression du décalage entre vos rythmes internes qui sont encore synchronisés sur votre pays de départ et le rythme imposé par votre nouvel environnement.

Laissez le temps à vos horloges pour se recaler

Il faut 2 à 3 jours pour que votre sommeil se recale grossièrement (c'est-à-dire avec quelques ratés) sur les horaires du pays d'arrivée. Votre rythme de la température mettra 8 jours pour retrouver sa place. Habituellement il faut entre 8 jours et 3 semaines pour que la synchronisation sur les nouveaux horaires soit complète. Imaginez ce qui se passe si au bout de 8 jours vous repartez dans l'autre sens : alors que certains rythmes auront tout juste commencé à se recaler, et que d'autres seront toujours en phase avec le pays de départ, vous aller introduire un nouveau changement. La cacophonie de l'organisation de vos rythmes sera complète !

Plus facile vers l'ouest

Habituellement le décalage provoqué par les voyages vers l'ouest est mieux supporté par notre organisme que les voyages vers l'est. Ceci s'explique par le fait que le rythme spontané de nos horloges internes est supérieur à 24 heures. Or, quand nous allons vers l'ouest tout se passe comme si nous allongions artificiellement notre journée, ce qui est plus facile pour notre organisme que de raccourcir la période en dessous de 24 heures. Par ailleurs l'allongement de notre journée entraîne une privation partielle de sommeil qui contribue à faciliter l'endormissement.

Comment diminuer le jet-lag ?

La stratégie est très différente selon que le déplacement sera de courte durée (3 à 4 jours) ou pour un long séjour.

• Si vous faites un voyage express, vous avez tout intérêt à rester calé sur votre rythme de départ.

Ceci est particulièrement vrai pour les hommes d'affaires qui doivent discuter des contrats compliqués, où chaque terme, chaque alinéa est important. Dans un temps aussi court il est impossible de s'adapter aux nouveaux horaires. L'attention et la concentration seront difficiles à maintenir à certains moments, et tout particulièrement aux horaires correspondant à ceux de sommeil habituels dans son pays d'origine. Donc, si vous devez signer un contrat, arrangez-vous pour que les horaires de réunion correspondent avec des horaires où vous seriez réveillé en France. Si ce n'est pas possible, organisez-vous une petite sieste suivie d'une bonne douche avant toute réunion importante, et surtout évitez l'alcool qui majore les troubles de la vigilance.

• En revanche, si vous partez en vacances essayez de vous recaler au plus vite sur les horaires du pays en vous aidant des moyens naturels que vous avez à votre disposition en suivant les conseils qui suivent.

> **VOUS AVEZ FAIT UN VOYAGE VERS L'OUEST**
>
> — Mettez des lunettes noires le matin pour vous protéger du soleil.
> — Profitez au contraire de la lumière l'après-midi et aussi tard que possible dans la soirée.
> — Évitez le sport le matin, en revanche faites-en le soir.
> — Ne refusez aucune sortie, restaurant, boîte de nuit le soir... (mais évitez l'abus d'alcool).
>
> **VOUS AVEZ FAIT UN VOYAGE VERS L'EST**
>
> — Exposez-vous à la lumière le matin.
> — Favorisez sport, sauna, sorties très tôt le matin.
> — Portez des lunettes l'après-midi et en soirée.
> — Profitez du soleil le matin, faites votre jogging dès le lever.
> — Évitez les sorties tardives la première semaine.

➤ Et la mélatonine ?

La mélatonine est une hormone qui règle nos horloges internes. Elle paraît tout indiquée pour nous aider à recaler nos rythmes déphasés par les voyages. Néanmoins son utilisation est loin d'être bien codifiée et les réponses individuelles ne sont pas prévisibles. Si vous souhaitez quand même faire un essai quelques précautions s'imposent :

— Toujours se procurer une mélatonine de synthèse et non pas une mélatonine « naturelle » qui est extraite de cerveau de bovin.

— Ne l'utiliser qu'occasionnellement et sur quelques jours (les résultats d'une prise sur de longues périodes ne sont pas connus).

— L'utiliser pour avancer vos rythmes (retour des États-Unis ou voyage vers l'Asie) en prenant de 1 à

3 mg vers 19 heures ou 20 heures, heure locale : il semble que la mélatonine ait une action plus constante pour avancer nos rythmes que pour les retarder. Une prise sur 3 jours suffit pour se recaler.

L'enfant

L'enfant est un futur adulte qui construit ses habitudes de sommeil, et qui peut-être porte déjà en lui les germes d'une insomnie à venir. Aucune étude n'a suivi le devenir d'un groupe d'enfants depuis leur petite enfance jusqu'à l'âge adulte. Néanmoins, certains adultes insomniaques racontent leur souvenir de peurs d'enfant, dans la soirée ou dans la nuit. Et on ne peut que s'interroger sur le rôle de toutes les tensions familiales qui reviennent éventuellement en fin de journée dans la genèse des troubles observés chez l'adulte.

Apprendre à l'enfant à reconnaître et à suivre ses besoins de sommeil est probablement la première étape de la prévention de l'insomnie.

Reconnaître son rythme et ses besoins

Chaque enfant a son rythme de sommeil et ses besoins. Les parents qui ont plusieurs enfants ont pu le remarquer : si Justine est une couche-tôt, Pierre est un couche-tard qui tient très bien le soir.

Face à cette diversité du sommeil, les parents sont souvent décontenancés. D'autant que certains parents rentrent tard à la maison. Ils sont fatigués, ont envie de voir leur enfant, et le petit diable en profite un peu.

> **QUEL EST LE RYTHME DE VOTRE ENFANT ?**
> • Il faut le coucher quand :
> — il se frotte les yeux, est grognon, dort debout,
> — ou au contraire est irascible, énervé, coléreux : en réalité il lutte contre la fatigue.
> • S'il est en forme, sociable et de bonne humeur, il est probablement couche-tard : ne lui imposez pas de dormir trop tôt, il ne le pourra pas.
> • Repérez ses horaires et respectez-les dans la mesure du possible.
> • Observez comment il est dans la journée : un enfant qui manque de sommeil est le plus souvent coléreux dans la journée.

Un enfant a besoin de voir ses parents le soir. Si vous rentrez tard, essayez que l'un de vous deux soit là pour s'occuper de lui. En revanche, évitez de le tenir éveillé pour passer du temps à tout prix avec lui car vous êtes rentré tard. Votre enfant sera hyperstimulé, et il aura beaucoup de mal à trouver le sommeil.

Respectez les rituels du sommeil

Plus que l'adulte l'enfant redoute la nuit et la séparation de ses parents. Il a besoin d'une préparation au sommeil. Les rituels du coucher jouent le rôle de repères rassurants qui donnent à l'enfant le signal du sommeil et lui permettent de conjurer l'angoisse.

Du bébé au petit enfant les rituels changent : câlins, chansons, doudou, et plus tard, petite histoire, lecture d'un petit livre d'images, cassettes. Le moment de la préparation au coucher est un moment d'intimité, de calme et de grande tendresse. Néanmoins ce temps passé avec votre bébé ou votre petit enfant ne doit pas être extensible. Rien ne sert de le prolonger au risque d'obtenir l'effet inverse. Les parents qui n'arrivent pas à sortir de la chambre de leur enfant manifestent ainsi leur angoisse d'« abandonner ». Il faut parfois être ferme, et tenir sur le fait que « maintenant, c'est fini, il faut dormir »...

A contrario, ce n'est pas parce qu'on est rentré tard et fatigué, qu'il faut expédier la mise au lit en trois minutes chrono. Les pleurs de votre enfant risquent fort de vous rappeler à vos obligations, et vous faire passer beaucoup plus de temps que prévu pour le calmer.

Soyez ferme et posez des limites

Il y en effet des périodes où l'enfant est plus ou moins angoissé. Par ailleurs entre 2 et 3 ans, il traverse une période d'opposition où il dit « non » à tout. « Tu veux aller te coucher ?... — Non. » « Tu vas dormir ?... — Non. » Votre enfant vous teste. Il a besoin de savoir jusqu'où il peut aller. Il y a dans cette attitude à la fois un jeu et un défi.

Ne le prenez pas à la lettre et ne vous fâchez pas. Il ne faut pas voir cette attitude comme un rapport de forces. Mais il faut rester ferme. Si vous lui avez dit de rester dans son lit et qu'il en ressort pour venir vous rejoindre, ramenez-le affectueusement dans sa chambre, et recouchez-le. S'il vous dit qu'il n'a pas sommeil, dites-lui qu'il peut rester dans sa chambre et jouer, mais qu'en tout état de cause, vous ne voulez pas qu'il revienne dans le salon.

Idem pour la nuit. Si votre enfant débarque avec son nounours dans votre lit, il faut le ramener dans le sien.

Votre enfant ne comprendra pas si d'un jour à l'autre vous avez une attitude complètement différente qui ne dépend que de votre humeur. La constance de votre attitude dans la régularité de ses habitudes de sommeil est très importante.

Ne paniquez pas s'il ne dort pas

Claire raconte que vers 9 ans elle avait eu du mal à s'endormir. Lorsqu'elle avait ses difficultés, elle allait dans la chambre de ses parents pour se plaindre de son sommeil. Sa mère, qui était insomniaque, au lieu de la rassurer prit l'habitude de lui donner ses somnifères. Peu à peu la communication entre elles se centra essentiellement sur le sommeil. « Tu crois que tu vas dormir ce soir ? », « comment as-tu dormi ma chérie ?... », suivi d'une phrase fatidique : « Ma pauvre chérie, tu es comme moi, insomniaque. » Ainsi la voie de Claire était toute tracée : plus tard, elle sera insomniaque !

Tous les enfants connaissent des mauvaises nuits, que ce soit à cause d'un cauchemar, d'une bêtise qui a déclenché la colère des parents, d'un contrôle le lendemain, ou de problèmes rencontrés avec des copains ou des copines de l'école. C'est normal ! Il faut rassurer l'enfant, lui dire que ça peut arriver à tout le monde de ne pas dormir. Lui conseiller de rallumer la lumière et de lire une bande dessinée pour attendre que l'envie de dormir revienne.

L'adolescent

Vous avez un adolescent à la maison et son sommeil vous déroute. Ne vous inquiétez pas, vous n'êtes pas le seul.

La période de l'adolescence est une période mouvementée où le corps change, la sexualité s'éveille, les copains sont prioritaires, la découverte de l'alcool, du tabac, des drogues fascine et fait peur, les parents sont obligatoirement vieux jeu et dépassés... C'est un bouleversement total où les repères s'écroulent alors que la pression sociale est importante : il faut penser à l'avenir, faire des choix, s'engager vers un océan d'incertitudes.

L'adolescent malmène son sommeil

Il méconnaît ses besoins et ne les respecte pas ou pas suffisamment. La plupart des études font ressortir une privation chronique de sommeil. Il a des horaires irréguliers. Le soir il a toujours autre chose à faire qu'aller se coucher. Le travail lui prend beaucoup de temps, mais les discussions interminables au téléphone, les forums sur Internet, les jeux en réseaux, la télé dans la chambre, et la lecture (elle reste pour certains un concurrent sérieux à toutes les activités modernes) n'arrangent pas les choses. L'abus du sport, de la cigarette, de l'alcool, du café ou l'utilisation de drogues perturbent la sérénité du sommeil.

Un sommeil décalé

La majorité des adolescents ont tendance à se coucher tard. C'est une habitude qui peut conduire à des décalages pathologiques, on parle alors de syndrome de retard de phase du sommeil.

L'adolescent a un réel plaisir à commencer à vivre quand toute la famille est couchée. Il est tranquille, il peut faire ce qu'il veut.

> *Le cas de Bruno, 18 ans, illustre bien cet aspect. Il se couche à 22 h 30, tout en écoutant de la musique doucement. Il « attend tranquillement le sommeil », dit-il. Les heures passent, minuit, 1 heure. Il rallume, lit un peu. Éteint. Il finit par s'endormir vers 2 heures ou 3 heures du matin. Le réveil est difficile, et il lui arrive de rater un cours le matin lorsque sa mère est déjà partie de la maison. Le début de la journée est accompagné d'une somnolence pénible. Ses difficultés d'endormissement remontent à l'âge de 15 ans. Il a remarqué qu'en vacances son sommeil ne lui pose aucun problème. En effet il sort souvent avec des copains et se couche tard. À 3 heures du matin il s'endort facilement. Mais en période scolaire Bruno veut absolument dormir plus tôt : « Il faut que je dorme pour être en forme », dit-il. Nous avons convenu qu'il pouvait sans risque se coucher un peu plus tard, vers minuit. En revanche, l'horaire du réveil a été maintenu régulièrement à 7 heures avec un mois de photothérapie au réveil. Son sommeil s'est ajusté progressivement. Il s'endort maintenant entre 23 h 30 et minuit, et se réveille avec la sonnerie du réveil. Il n'a plus raté de cours et sa mère peut partir travailler avant lui sans inquiétude.*

Habituellement, ces adolescents supportent mal les hypnotiques. Ces derniers sont peu efficaces avec un effet qui s'épuise très vite en quelques jours. Cependant, chez certains, l'angoisse de ne pas dormir conduit à une augmentation des doses qui aboutit à une véritable toxicomanie aux hypnotiques.

Le cas de Bruno est un cas simple. Chez d'autres adolescents le fait de ne pas aller se coucher s'inscrit dans une véritable conduite d'opposition aux parents et à la société. Dans ce contexte difficile, l'adolescent sort de plus en plus tard, souvent plusieurs fois par semaine. Ses sorties tardives le confrontent à un milieu dangereux de copains à la dérive, de marginaux. Les parents débordés ne réagissent pas, ou tentent d'imposer maladroitement leur autorité, ce qui exacerbe encore les conflits.

Les pathologies associées au syndrome de retard de phase sont fréquentes, en particulier l'anxiété et/ou la dépression qui existe dans deux tiers des cas.

POUR LES ADOS DÉCALÉS...
QUELQUES RÈGLES À RESPECTER

— Ne tentez pas de vous coucher plus tôt si vraiment vous n'avez pas sommeil.
— Levez-vous à des heures régulières.
— Ne dormez pas au-delà de 11 heures le week-end.
— Si vous sortez très tard, et que vous rentrez au petit matin, ne vous couchez pas, ou ne dormez que quelques heures.
— Favorisez tout ce qui est éveillant le matin : douche au lever, sport.

Des causes psychologiques

L'insomnie chez l'adolescent peut être l'un des premiers signes d'une dépression ou d'une maladie psychiatrique. À ce titre, il ne faut pas minimiser les symptômes, et ne pas hésiter à consulter.

Il ne faut pas oublier que la dépression peut conduire au suicide. Dans une étude française, il ressort que le suicide est la deuxième cause de mortalité chez les 12-25 ans et que 8 % des adolescents ont tenté de se suicider. Ces chiffres énormes nous incitent à être attentifs.

**QUAND S'INQUIÉTER
DEVANT UN ADO QUI DORT MAL ?**

— Il tient des propos désabusés.
— Il ne voit pas d'avenir.
— Il a des idées morbides.
— Il n'a plus envie de faire ses activités habituelles.
— Il s'isole.

La personne âgée

Votre sommeil n'a plus 20 ans

Avec l'âge, le sommeil se modifie.
— La durée de sommeil de nuit a tendance à diminuer, mais globalement la durée de sommeil reste assez stable car une sieste vient habituellement compenser le sommeil nocturne.

— Il est plus léger avec une nette diminution ou une disparition du stade IV, le sommeil le plus profond.
— Le plus souvent, il a tendance a se décaler pour survenir plus tôt dans la soirée et s'accompagner d'un réveil précoce le matin.

Essayez de trouver votre rythme, sans idée préconçue. Les chapitres précédents vous y aideront.

Faites la chasse aux croyances

➤ Je ne dors pas assez !

Cette croyance est encore plus erronée que chez la personne plus jeune, car la personne âgée oublie qu'elle a somnolé devant la télé, dans son fauteuil... C'est autant de sommeil en moins. Si vous voulez dormir mieux et plus longtemps la nuit, il faut :

— Éviter de faire la sieste ou de somnoler lorsque vous êtes inactif.
— Favoriser l'activité physique dans la journée, par exemple en instaurant une marche d'une demi-heure au cours de la matinée ou en début d'après-midi.
— Favoriser l'éclairement de votre appartement ou de votre chambre, en ouvrant les volets et en utilisant une lumière de bonne intensité (halogène).

➤ Plus je reste au lit, plus je me repose

Le fait de rester au lit beaucoup plus longtemps que votre temps de sommeil physiologique favorise l'apparition d'un sommeil plus léger et plus entrecoupé. Pour autant il n'est pas plus récupérateur et vous ne serez pas plus reposé. Un des problèmes chez les personnes âgées et de ne pas marquer suffisamment les contrastes entre les activités de la journée et le repos de la nuit. Donc si votre état physique le permet, levez-vous dès que vous êtes réveillé et favorisez les activités.

➤ Je voudrais dormir comme mon mari (ou ma femme)

L'évolution de votre sommeil vous est strictement personnelle. Elle peut être très différente de celle de votre conjoint. Il y a des personnes dont les caractéristiques du sommeil s'exacerbent en vieillissant. Ainsi telle dame âgée qui était couche-tôt/lève-tôt a considérablement avancé ses horaires de sommeil alors que son mari couche-tard/lève-tard s'est décalé encore plus tard avec l'âge. Suivre son rythme de sommeil sans le contrarier est un conseil encore plus vrai pour les personnes âgées que pour les personnes jeunes.

Attention aux médicaments

Les médicaments sont toujours plus actifs chez les personnes âgées. Il faut habituellement la moitié de la dose qui est efficace chez un sujet plus jeune pour obtenir le même effet. Attention donc aux traitements débutés sur le tard : ils doivent toujours être progressifs, pour atteindre la dose minimale active. Tout nouveau traitement ne doit être instauré qu'après une recherche de la cause de l'insomnie pour être sûr qu'il n'y a pas de signes en faveur d'une dépression, d'un syndrome d'apnées ou d'un syndrome des mouvements périodiques associés qui nécessitent un traitement spécifique.

En revanche, si une personne âgée prend un somnifère depuis longtemps, et si elle se sent bien avec ce traitement, il n'y a pas de raison de lui imposer un sevrage comme on le voit parfois. Les conséquences n'en sont pas anodines car la personne se trouve très déstabilisée par l'arrêt du médicament. L'insomnie réapparaît de plus belle. L'angoisse est réactivée. Au final, on voit des gens qui sont obligés de reprendre un traitement encore plus important que le précédent.

Attention aux pathologies intriquées

Il est très fréquent de constater que l'insomnie s'atténue avec l'âge chez les personnes qui ont une insomnie entretenue par le stress ou par la peur de ne pas être à la hauteur le lendemain. En effet l'arrivée de la retraite fait disparaître la pression liée au travail. Il n'y a plus la nécessité de dormir à tout prix. La personne arrive naturellement à dédramatiser les conséquences d'une mauvaise nuit de sommeil : « c'est pas très grave, je n'ai rien de spécial à faire… », se dit-elle.

En revanche de nouvelles insomnies apparaissent avec l'âge. Elles sont le plus souvent liées à une maladie associée : troubles cardiaques qui réveillent la nuit, douleurs rhumatismales gênantes pour trouver le sommeil, troubles neurologiques, reflux gastro-œsophagien… Nous avons vu que des maladies liées au sommeil augmentent avec l'âge, comme le syndrome d'apnées du sommeil, ou le syndrome des mouvements périodiques.

La fréquence de la dépression augmente aussi avec l'âge, ce qui est bien évidemment une autre cause d'insomnie.

Enfin il ne faut pas oublier que les personnes âgées, seules, sont souvent confrontées à des angoisses la nuit. La crainte de tomber en se levant, de faire un malaise, de mourir est toujours présente en filigrane.

DES AMÉNAGEMENTS SIMPLES
AUTOUR DU SOMMEIL DES PERSONNES ÂGÉES

— Disposer d'un lit assez haut pour être plus accessible même si on a des problèmes de rhumatismes.
— Éviter les tapis par terre dans lesquels on se prend les pieds.
— Ne pas cirer excessivement le parquet de la chambre pour éviter de glisser.
— Mettre un téléphone sur la table de nuit, ou porter sur soi un système d'appel d'urgence qui rassure et permet de prévenir en cas de problème.

Pour conclure

> « Cinq heures de sommeil. Un sommeil court et profond doit valoir au moins autant qu'un sommeil long et plus superficiel. »
>
> Paul Valéry

Bien avant les hypnologues, Paul Valéry a compris que l'objectif de l'insomniaque est d'améliorer la qualité de son sommeil et non pas d'en augmenter la durée. À la fin de la lecture de ce livre, j'espère que vous dormirez mieux. Néanmoins nous avons vu que le sommeil implique l'individu du plus profond de son esprit à son corps tout entier. Cette complexité cache des causes diverses à l'insomnie parfois difficiles à appréhender par soi-même. N'hésitez pas alors à rechercher un médecin qui vous y aidera.

La médecine du sommeil est récente. Elle s'est développée depuis les années 1950 et a pris son essor dans les années 1980. Le nombre des médecins qui s'intéressent au sommeil augmente régulièrement. Vous trouverez en annexes un agenda du sommeil et des questionnaires pour préciser les caractéristiques de votre sommeil et préparer votre demande de consultation auprès de votre médecin ou vous adresser, si nécessaire, à un médecin spécialiste.

Annexes

Adresses utiles

Société française de recherche sur le sommeil (SFRS)
Secrétariat : neurophysiologie clinique
CHU La Milétrie
86021 Poitiers Cedex
Tél. : 05 49 44 43 87 – Fax : 05 49 44 43 01
Site : www.sfrs@sommeil.univ-lyon1.fr

Institut du sommeil et de la vigilance
19, boulevard de la Chantourne
38700 La Tronche
Tél./Fax : 04 38 37 27 27
e-mail : isv.secretariat@wanadoo.fr

Association Sommeil et santé
BP 28
92362 Meudon-la-Forêt
Tél./Fax : 01 46 32 50 04
e-mail : sommeilsante@yahoo.fr

**Société française de la recherche
et de la médecine du sommeil (SFRMS)**
Service de neurophysiologie clinique
CHU La Milétrie
86021 Poitiers Cedex

Réseau Morphée
2, Grande-Rue
92380 Garches
e-mail : contact@reseau-morphee.org

Institut du sommeil et de la vigilance
8-10, rue de Mayencin
38400 St-Martin-d'Hères
Tél./Fax : 04 38 37 27 27
e-mail : contact@institut-sommeil-vigilance.com

Association française de narcolepsie-cataplexie (ANC)
Le village 07110 Valgorge
Tél. : 04 75 88 95 39
Site : http://perso.orange.fr/anc.paradoxal
e-mail : anc.paradoxal@wanadoo.fr

Association française des personnes affectées par le syndrome de jambes sans repos (AFSJR)
5, rue du Tournant
67200 Strasbourg
Tél./Fax : 03 88 30 37 24
e-mail : afsjr@afsjr.fr

Sites Internet

Site Internet de l'université Claude-Bernard, Lyon-I
http://sommeil.univ-lyon1.fr

Site de l'Association de patients de Sommeil et santé
www.sommeilsante.asso.fr

Site grand public d'information et de prévention des troubles du sommeil
www.svs81.org

Site du Réseau Morphée
www.reseau-morphee.org

Morphée dans tous ses états, un blog interactif sur le sommeil
http://morphee.biz

Le Sommeil, Les Rêves et l'Éveil
http://ura1195-6.univ-lyon1.fr

Site de la Société française de la recherche
et de la médecine du sommeil (SFRMS)
http://ura1195-6.univ-lyon1.fr/SFRS/index.html

Institut du sommeil et de la vigilance, une association qui fédère les différents groupes de médecins, patients, professionnels
www.institut-sommeil-vigilance.com

Un agenda pour reporter vos horaires de sommeil

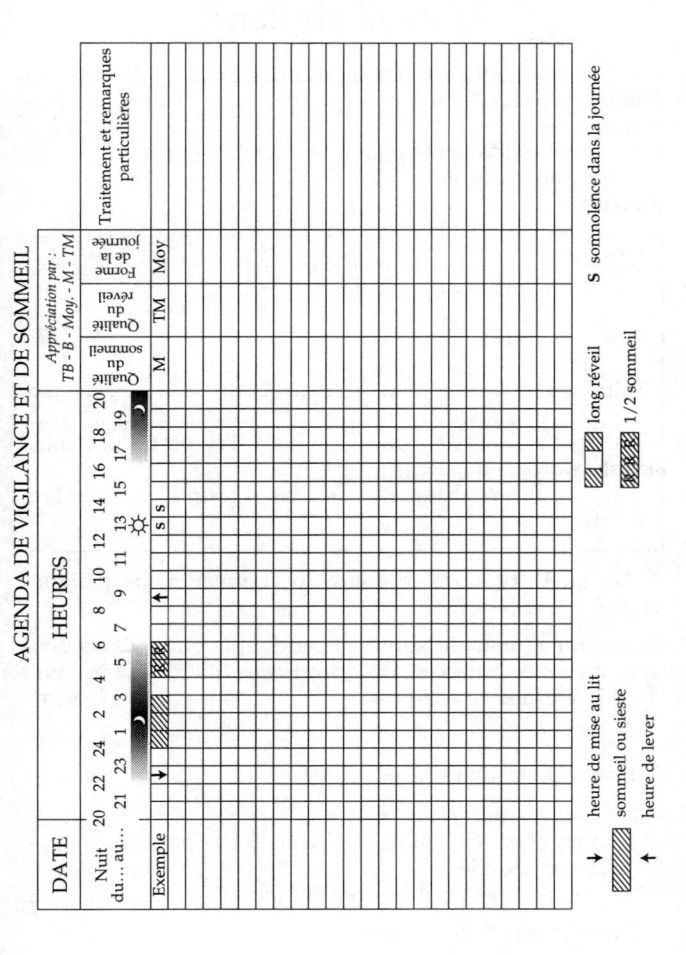

Autoquestionnaire d'évaluation du sommeil et de la vigilance

Si vous devez consulter pour des troubles du sommeil, faites le point à l'aide de ce questionnaire et remettez-le au médecin.

Date du questionnaire : .... /......... /..........
Envoyé par le docteur : ....
Adresse : ....

NOM :	Prénom : ....
Âge :	
Adresse :..	
Tél. dom :	Tél. prof. : ....
Profession :	
❏ célibataire ❏ en couple	Nombre d'enfants :

1. De quel type de troubles du sommeil vous plaignez-vous ?

❏ insomnie (mauvais sommeil pendant la nuit)   ❏ les deux
❏ somnolence ou accès d'endormissements   ❏ ni l'un
dans la journée   ni l'autre

2. En cas de troubles :

a. Les troubles sont-ils :
    ❏ réguliers (> 3 mois et plus de 3 fois par semaine)
    ❏ par périodes
Vers quel âge ces troubles sont-ils apparus ? ....

b. Existe-t-il des facteurs favorisants :

Annexes

❏ une saison particulière
    Si oui, laquelle ? ....
❏ des troubles de l'humeur (dépression, irritation, euphorie, excitation)
    ❏ en rapport avec les cycles mentruels (pour les femmes)
    ❏ des soucis
    ❏ autre cause favorisante :
        Si oui, précisez : ....

3. Avez-vous remarqué des fluctuations de votre poids au cours de l'année ?
    ❏ prise de poids
    ❏ perte de poids
    ❏ variation selon les saisons

Poids actuel : ....   Taille : ....
Avez-vous pris du poids récemment ?
    Si oui, combien de kg et en combien de temps ?
    ....

HABITUDES DE SOMMEIL

OUI NON

4. Avez-vous souvent des difficultés d'endormissement ?   ❏   ❏

5. Vous réveillez-vous souvent en cours de nuit ?   ❏   ❏

6. Vous réveillez-vous souvent vers 2-3 heures ou 4 heures du matin sans pouvoir vous rendormir   ❏   ❏
ensuite ou avec la sensation d'une somnolence sans vrai sommeil ?

7. Vers quelle heure vous couchez-vous pendant la semaine ?
        entre .... h   et .... h

Une fois couché :
8. Avez-vous l'habitude le plus souvent :
    ❏ d'éteindre de suite   ❏ de regarder la télévision
    ❏ de lire au lit   ❏ autre, précisez ....

9. Combien de temps mettez-vous pour vous endormir ?
❏ moins d'1/4 d'heure ❏ entre 1/2 heure et 1 heure
❏ entre 1/4 d'heure et 1/2 heure ❏ plus d'1 heure

10. Habituellement vous réveillez-vous en cours de nuit :
❏ moins d'1/4 d'heure ❏ entre 1/2 heure et 1 heure
❏ entre 1/4 d'heure et 1/2 heure ❏ plus d'1 heure

11. Quelle est votre heure habituelle de réveil pendant la semaine ?

   entre .... h et .... h

12. Combien d'heures de sommeil pensez-vous avoir besoin pour être en forme ?   .... h

13. Avez-vous des horaires particuliers (3 × 8, horaires décalés, travail de nuit....) ?
   ❏ OUI   ❏ NON
   Si oui, précisez le rythme de vos rotations : ....

14. Le week-end ou les jours de repos votre rythme est-il habituellement très différent ?
   Si oui, précisez :
   — vos horaires de coucher : .... h
   — vos horaires de lever : .... h

15. Pendant des vacances prolongées (supérieures à 8 jours) votre rythme est-il très différent ?
   Si oui, précisez :
   — vos horaires de coucher : .... h
   — vos horaires de lever : .... h

	OUI	NON
16. Faites-vous régulièrement des cauchemars ?	❏	❏
17. Êtes-vous sujet à des accès de somnambulisme ou parlez-vous la nuit ?	❏	❏
18. Avez-vous des problèmes de perte d'urine au lit au cours du sommeil ?	❏	❏
19. Ronflez-vous en dormant ?	❏	❏

OUI NON

20. Avez-vous parfois l'impression d'étouffer en dormant ? ❏ ❏

21. Votre partenaire (ou entourage) a-t-il noté des arrêts respiratoires au cours du sommeil ? ❏ ❏

22. Bougez-vous beaucoup en dormant ? ❏ ❏

23. Transpirez-vous beaucoup en dormant ? ❏ ❏

24. Au moment du coucher ou en cas d'éveil, avez-vous des sensations d'impatiences et d'agacement dans les jambes (et parfois dans les bras) qui vous gênent pour vous endormir ? ❏ ❏

25. Votre partenaire se plaint-il de recevoir des « coups de pied » tout au long de la nuit ? ❏ ❏

26. Avez-vous parfois l'impression d'être « paralysé » lorsque vous sortez de votre sommeil ou lorsque vous vous endormez ? ❏ ❏

27. Avez-vous parfois l'impression d'entendre, de voir ou de sentir des choses qui n'existent pas, au moment du coucher ou en cas de fatigue dans la journée (comme un rêve ou un cauchemar éveillé) ? ❏ ❏

28. En dehors de tout épisode de sommeil, vous arrive-t-il d'avoir une chute soudaine de la tête, d'un membre ou de tout votre corps vous conduisant à des maladresses ou à des chutes ? ❏ ❏

    Si oui, est-ce provoqué par une émotion ? ❏ ❏

Au réveil et dans la journée

29. Habituellement, votre réveil est-il spontané ?
    ❏ OUI   ❏ NON

30. Si non, vous vous faites réveiller :
    ❏ par la sonnerie d'un réveil
    ❏ votre radio ou téléphone
    ❏ votre entourage

31. Comment vous sentez-vous le plus souvent au réveil :
    ❏ en forme et dispo   ❏ mal à la tête
    ❏ encore fatigué et endormi ❏ autre, précisez ....

                                                    OUI NON

32. Avez-vous des moments de fatigue ou de baisse de forme dans la journée ?   ❏   ❏
    Si oui, vers quelle(s) heure(s) ? ....

33. Avez-vous des moments de somnolence ?   ❏   ❏

34. Avez-vous des accès d'endormissements obligatoires ?   ❏   ❏

35. Faites-vous souvent la sieste ?   ❏   ❏

36. Veuillez répondre au questionnaire de somnolence qui suit :

Afin de pouvoir mesurer chez vous une éventuelle somnolence dans la journée, voici quelques situations relativement usuelles, où nous vous demandons d'évaluer le risque de vous assoupir. Aussi, si vous n'avez pas été récemment dans l'une de ces situations, essayez d'imaginer comment cette situation pourrait vous affecter.

Pour répondre, utilisez l'échelle suivante en entourant le chiffre le plus approprié pour chaque situation :

0 = je ne somnolerais jamais   2 = probabilité moyenne
                                         de s'endormir
1 = faible probabilité   3 = forte probabilité
de s'endormir   de s'endormir

SITUATION	CHANCE DE M'ENDORMIR
Assis en train de lire	0 1 2 3
En train de regarder la télévision	0 1 2 3
Assis, inactif dans un lieu public (cinéma, théâtre, réunion)	0 1 2 3
Comme passager d'une voiture (ou transport en commun) roulant sans arrêt pendant une heure	0 1 2 3
Allongé l'après-midi lorsque les circonstances le permettent	0 1 2 3
Étant assis en parlant avec quelqu'un	0 1 2 3
Assis au calme après un déjeuner sans alcool	0 1 2 3
Dans une voiture immobilisée depuis quelques minutes	0 1 2 3

TOTAL ...

37. Avez-vous eu des accidents de voiture ?
    ❏ OUI   ❏ NON
    Si oui, précisez :
    — Leur nombre : ....
    — Étaient-ils liés à une somnolence anormale ? ....

	OUI	NON
38. Vous sentez-vous souvent tendu(e), nerveux(se) ?	❏	❏
39. Ressentez-vous souvent de l'inquiétude ?	❏	❏
40. Êtes-vous souvent irritable ?	❏	❏

	OUI	NON

41. Avez-vous habituellement des difficultés pour vous détendre ? ❑ ❑

42. Avez-vous souvent des maux de tête, des douleurs cervicales ou mal au dos ? ❑ ❑

43. Ressentez-vous souvent l'une ou plusieurs des manifestations suivantes : tremblement, fourmillements, sensations de déséquilibre, sueurs, envie fréquentes d'uriner, boule dans la gorge, oppression thoracique, sensation de ballonnement, diarrhée ? ❑ ❑

44. Êtes-vous inquiet(e) pour votre santé ? ❑ ❑

45. Essayez de répondre le plus spontanément possible aux questions suivantes par vrai ou faux :

	VRAI	FAUX
En ce moment, ma vie me semble vide		
J'ai du mal à me débarrasser des mauvaises pensées qui me passent par la tête		
Je suis sans énergie		
Je me sens bloqué(e) ou empêché(e) devant la moindre chose à faire		
Je suis déçu(e) et dégoûté(e) par moi-même		
Je suis obligée(e) de me forcer pour faire quoi que ce soit		
J'ai du mal à faire les choses que j'avais l'habitude de faire		
En ce moment je suis triste		
J'ai l'esprit moins clair que d'habitude		

	VRAI	FAUX
J'aime moins qu'avant faire les choses qui me plaisent et m'intéressent		
La mémoire me semble moins bonne que d'habitude		
Je suis sans espoir pour l'avenir		
En ce moment, je me sens moins heureux(se) que la plupart des gens		

46. Votre humeur est-elle particulièrement sensible à la lumière et au beau temps ?
    ❏ SOUVENT   ❏ PARFOIS   ❏ NON

47. Avez-vous de la tension ou êtes-vous traité(e) pour hypertension ?   ❏ OUI ❏ NON Depuis quand ? ....

48. Avez-vous des troubles cardiaques ?   ❏ OUI ❏ NON Si oui, précisez :...

49. Avez-vous des troubles respiratoires ?   ❏ OUI ❏ NON Si oui, précisez :...

50. Avez-vous des troubles neurologiques ?   ❏ OUI ❏ NON Si oui, précisez :...

51. Avez-vous des problèmes thyroïdiens ?   ❏ OUI ❏ NON

52. Pour les femmes :
Êtes-vous ménopausée ?   ❏ OUI ❏ NON

53. Êtes-vous suivi(e) pour une autre maladie ? ❏ OUI ❏ NON Si oui, précisez :...

54. Si vous prenez des médicaments, précisez les noms et les doses :
....
....
....

QUELLES SONT VOS HABITUDES ?

55. Tabac : ……..   nbre de cigarettes /j
56. Café   …… tasses /j
    ou Thé   …… bols/j
56. Vin ou alcool :❑ jamais ❑ occasionnel ❑ régulier ❑ excessif
57. Sport :   ❑ jamais ❑ occasionnel ❑ régulier ❑ excessif

ANTÉCÉDENTS FAMILIAUX

58. Précisez si dans votre famille il existe des pathologies ou des troubles (*) :

LIEN DE PARENTÉ	INSOMNIE	ENDORMISSEMENT EN COURS DE JOURNÉE	DÉPRESSION	RONFLEMENT	PROBLÈME THYROÏDIEN	HYPERTENSION
Père Âge :						
Mère Âge :						
Frère/Sœur Âge :						
Frère/Sœur Âge :						

LIEN DE PARENTÉ	INSOMNIE	ENDORMISSEMENT EN COURS DE JOURNÉE	DÉPRESSION	RONFLEMENT	PROBLÈME THYROÏDIEN	HYPERTENSION
Frère/Sœur Âge :						
Frère/Sœur Âge :						
Frère/Sœur Âge :						
Frère/Sœur Âge :						

(*) Mettre une croix dans la case correspondante à la pathologie présentée par votre parent.
— Préciser l'âge.
— Entourer frère ou sœur.

59. Si vous trouvez que ce questionnaire ne décrit pas suffisamment votre sommeil, et/ou les troubles que vous pouvez ressentir, précisez les observations complémentaires que vous jugez utiles.

Questionnaire du matin ou du soir

Avant de consulter pour des troubles du sommeil et pour mieux connaître vos rythmes, utilisez ce questionnaire.

Mode d'emploi :
Les questions sont indépendantes mais sont à prendre dans l'ordre. Une seule réponse est attendue. Sur les échelles, vous cochez la position correspondant à votre choix.

Points :
Pour les questions 3, 4, 5, 6, 7, 8, 9, 11, 12, 13, 14, 15, 16 et 19, le nombre de points est inscrit après chaque réponse.
Pour les questions 1, 2, 10 et 18, le nombre de points correspondant aux réponses est indiqué sous l'échelle. Pour la question 17, le nombre de points à prendre en compte est celui inscrit sous la case la plus à droite de celles que vous cochez.
Faites le total de vos points et comparez-le avec l'échelle ci-dessous :

	TOTAL
Extrêmement matinal	70-86
Modérément matinal	59-69
Intermédiaire	42-58
Modérément du soir	31-41
Véritablement du soir	16-30

1. Si vous pouviez disposer librement de votre temps, à quelle heure vous lèveriez-vous, ayant pour unique préoccupation d'être au mieux de votre forme ?

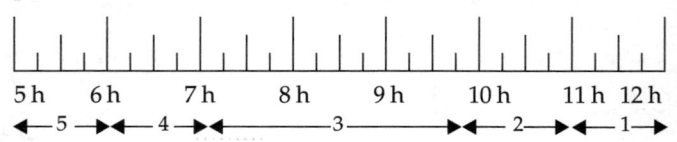

```
5 h    6 h    7 h    8 h    9 h    10 h    11 h  12 h
◄— 5 —►◄— 4 —►◄————— 3 —————►◄— 2 —►◄— 1 —►
```

2. Si vous pouviez disposer librement de votre temps, à quelle heure iriez-vous vous coucher, ayant pour unique considération de vous sentir le mieux possible ?

```
|   |   |   |   |   |   |   |   |   |   |   |   |   |   |   |   |
20 h   21 h    22 h    23 h    0 h    1 h    2 h    3 h
 ←——5——→←——4——→←——3——→←——2——→←—1—→
```

3. Si le matin vous devez vous lever à une heure précise, êtes-vous ou non dépendant de votre réveille-matin ?
Pas du tout dépendant .... ❏ 4
Un peu dépendant .... ❏ 3
Assez dépendant .... ❏ 2
Très dépendant .... ❏ 1

4. En supposant que vous dormez dans de bonnes conditions, vous lever tôt le matin est :
Très pénible .... ❏ 1
Pénible .... ❏ 2
Assez facile .... ❏ 3
Très facile .... ❏ 4

5. Comment vous sentez-vous pendant la première demi-heure qui suit votre réveil le matin ?
Encore endormi .... ❏ 1
Légèrement éveillé .... ❏ 2
Assez éveillé .... ❏ 3
Très éveillé .... ❏ 4

6. Durant la première demi-heure qui suit votre réveil le matin, votre appétit est :
Inexistant .... ❏ 1
Faible .... ❏ 2
Assez grand .... ❏ 3
Très grand .... ❏ 4

7. Durant la première demi-heure qui suit votre réveil le matin, vous vous sentez :
Très fatigué .... ❏ 1
Assez fatigué .... ❏ 2
Assez reposé .... ❏ 3
Très repos... ❏ 4

8. Quand vous n'avez rien de spécial à faire le lendemain, par rapport à votre heure habituelle de coucher, vous vous couchez :
Jamais plus tard .... ❏ 4
Moins d'une heure plus tard .... ❏ 3
Entre 1 et 2 heures plus tard .... ❏ 2
Plus de 2 heures plus tard .... ❏ 1

9. Vous avez décidé de faire du sport. Un ami vous suggère de vous y mettre une heure, deux fois par semaine, le matin entre 7 heures et 8 heures. N'ayant pour seule préoccupation que celle de vous sentir bien, vous pensez que pendant vos exercices vous serez :
En bonne forme .... ❏ 4
Relativement en forme .... ❏ 3
En relativement mauvaise forme .... ❏ 2
En très mauvaise forme .... ❏ 1

10. Le soir, à quelle heure vous sentez-vous fatigué au point de vouloir aller dormir ?

| 20 h | 21 h | 22 h | 23 h | 0 h | 1 h | 2 h | 3 h |
| ← 5 → | ← 4 → | ← 3 → | ← 2 → | ← 1 → |

11. Vous souhaitez être au mieux de votre forme pour affronter une épreuve intellectuellement éprouvante de deux heures. Vous êtes complètement libre d'organiser votre journée. Quelles heures choisiriez-vous pour passer votre épreuve avec le maximum de succès ?
8 h-10 h .... ❏ 6
11 h-13 h .... ❏ 4
15 h-17 h .... ❏ 2
19 h-21 h .... ❏ 0

12. Si vous vous couchez à 23 heures, serez-vous fatigué le lendemain ?
Pas du tout fatigué .... ❏ 0
Un peu fatigué .... ❏ 2
Assez fatigué .... ❏ 3
Très fatigué .... ❏ 5

13. Pour une quelconque raison, vous vous couchez quelques heures plus tard que d'habitude, mais rien ne vous oblige de vous lever tôt le lendemain. Que vous arrivera-t-il ?
Vous vous réveillez à l'heure habituelle
sans vous rendormir .... ❏ 4
Vous vous réveillez à l'heure habituelle mais vous avez sommeil
peu après .... ❏ 3
Vous vous réveillez à l'heure habituelle
puis vous vous rendormez .... ❏ 2
Vous vous réveillez plus tard que d'habitude .... ❏ 1

14. Vous devez effectuer une garde de nuit entre 4 heures et 6 heures du matin. Vous disposez de votre temps le lendemain. Que faites-vous ?
Vous ne vous couchez qu'après la fin de votre garde ... ❏ 1
Vous faites une sieste avant
et vous vous couchez après...................................... ❏ 2
Vous dormez le plus possible avant et faites
une sieste après .... ❏ 3
Vous dormez avant votre garde
et vous ne vous recouchez pas après......................... ❏ 4

15. Vous devez accomplir un travail physique éprouvant de deux heures. Vous disposez entièrement de votre temps. En considérant uniquement le fait de vous sentir le mieux possible, quelles heures choisiriez-vous pour effectuer votre travail ?
8 h-10 h .... ❏ 4
11 h-13 h .... ❏ 3
15 h-17 h .... ❏ 2
19 h-21 h .... ❏ 1

16. Vous avez décidé de pratiquer un sport physiquement éprouvant. Un ami vous conseille de vous entraîner deux fois par semaine pendant une heure, entre 10 et 11 heures. N'ayant pour seule préoccupation que celle de vous sentir bien, vous pensez que pendant vos exercices vous vous sentirez :
En bonne forme .... ❏ 1
Relativement en forme .... ❏ 2
En relativement mauvaise forme .... ❏ 3
En très mauvaise forme .... ❏ 4

17. Vous choisissez vos horaires de travail. En supposant que vous devez travailler 5 heures, que votre travail est intéressant et rémunéré aux résultats, quelles heures consécutives choisiriez-vous ?

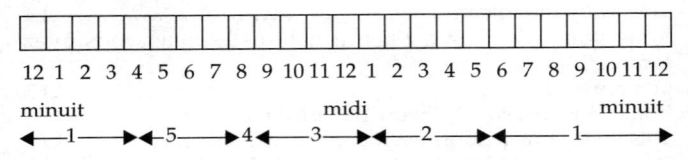

```
12 1 2 3 4 5 6 7 8 9 10 11 12 1 2 3 4 5 6 7 8 9 10 11 12
minuit                        midi                      minuit
◄—1—►◄—5—►◄—4—►◄—3—►◄—2—►◄—1—►
```

18. À quelle heure de la journée vous sentez-vous au mieux de votre forme ?

```
12 1 2 3 4 5 6 7 8 9 10 11 12 1 2 3 4 5 6 7 8 9 10 11 12
minuit                        midi                      minuit
◄—1—►◄—5—►◄—4—►◄—3—►◄—2—►◄—1—►
```

19. On parle couramment de gens matinaux et de gens du soir. Vous vous considérez comme :
Entièrement matinal .... ❏ 6
Plus matinal que du soir .... ❏ 4
Plus du soir que matinal .... ❏ 2
Véritablement du soir .... ❏ 0

D'après le questionnaire de J.A. Horne et O. Ostberg, « A self assessement questionnaire to determine morningness-eveningness in human circadian », *International Journal of Chronobiology*, vol. 4, Londres, Gordon and Breach Scrince Publishers Ltd, 1974, p. 97-110.

Bibliographie

BENOÎT O., GOLDENBERG F., *Explorations du sommeil et de la vigilance chez l'adulte*, Paris, EM Inter, 1997.

BENOÎT O., FORÊT J., *Le Sommeil humain*, Paris, Masson, 1991.

BILLIARD M., *Le Sommeil normal et pathologique. Troubles du sommeil et de l'éveil*, Paris, Masson, 1998.

BRENOT P., *Les Mots du sommeil*, Paris, PUF, 1989.

CHNEIWEISS L., *Dormir n'est plus un rêve*, Paris, Albin Michel, 1993.

DE LEERSNYDERS H., *L'Enfant et son sommeil*, Paris, Robert Laffont, 1998.

DEMENT W.C. et VAUGHAN C., *Avoir un bon sommeil*, Paris, Éditions Odile Jacob, 2000.

FLEURY B, HAUSSER-HAW C., Bacqué M-F., *Ronflements et apnées du sommeil*, Paris, Éditions Odile Jacob, coll. « Santé au quotidien », 1998.

GAILLARD J.-M., *Le Sommeil, ses mécanismes et ses troubles*, Paris, Doin, 1990.

GAILLARD J.-M., *L'Insomnie*, Paris, Flammarion, 1993.

GARMA L., *Clinique de l'insomnie*, Paris, PUF, coll. « Nodule », 1994.

JOUVET M., *Le Sommeil et le Rêve*, Paris, Éditions Odile Jacob, 1992.

JOUVET M., *Le Château des songes*, Paris, Éditions Odile Jacob, 1992.

JOUVET M. et GESSAIN M., *Le Grenier des rêves*, Paris, Éditions Odile Jacob, 1997.

LAVIE P., *Le Monde du sommeil*, Paris, Éditions Odile Jacob, 1996.

LECENDREUX M., *Réponses à 100 questions sur le sommeil*, Paris, Solar, 2002.

LÉGER D., *Troubles du sommeil*, Paris, Doin, 2001.

LÉGER D., *Le Sommeil Roi*, Paris, First Editions, 1998.

Manceaux M., *Éloge de l'insomnie*, Paris, Hachette, 1985.

Morin Ch. M., *Vaincre les ennemis du sommeil*, Paris, Marabout, 2000.

Nemet-Pier L., *Moi, la nuit je fais jamais dodo*, Paris, Fleurus, 2000.

Ohayon M., *Dis-moi comment tu dors*, Paris, coll. « Les Empêcheurs de penser en rond », Institut Synthélabo, 1997.

Renaud A. et Savier L. (dir.), *Dormir, l'énigme de chaque nuit*, Paris, Autrement, 1991.

Royant-Parola S., *Le Bon Sommeil*, Paris, Hermann, 1988.

Royant-Parola S., « Les traitements non pharmacologiques de l'insomnie », *in Encyclopadia Universalis*, 1997.

Shapiro C.M., *ABC des troubles du sommeil*, Paris, Maloine, 1996.

Thirion M. et Challamel M.J., *Le Sommeil, le rêve et l'enfant*, Paris, Albin Michel, nouvelle édition 1995.

Valatx J.-L., *Les Troubles du sommeil*, Paris, Arnaud Franel, 2001.

Vecchierini M.-F., *Le Guide du sommeil*, Paris, John Libbey Eurotext, 1997.

Liste des centres du sommeil

Cette liste est donnée à titre indicatif pour vous aider dans votre recherche. Elle n'est pas limitative et peut faire l'objet de modifications. Les centres sont classés par code postal croissant.

Centre hospitalier
Service de Pneumologie
900, route de Paris
01000 Bourg-en-Bresse
04 74 45 43 17

Centre hospitalier
Service de Pneumologie
52, rue G.-Girerd
01300 Belley
04 79 42 59 74

Centre hospitalier
Service de Pneumologie
46, av. du Général-de-Gaulle
02209 Soissons
03 23 75 72 48

Centre hospitalier
Service de Pneumologie
Avenue des Anciens-Combattants d'AFN
02300 Channy
03 23 38 54 28

Centre hospitalier
Service de Pneumologie
113, Grande-Rue
02310 Villiers-Saint-Denis
03 23 70 75 06

Centre hospitalier
Service de Pneumologie
02321 Saint-Quentin
03 23 06 72 01

Centre hospitalier
Unité du Sommeil
18, avenue du 8-mai-45
03113 Montluçon Cedex
04 70 02 30 90

Centre hospitalier
Service de Pneumologie
BP 2757 – 03200 Vichy
04 70 97 33 49

Centre hospitalier
Service de Pneumologie
Avenue De-Gaulle
03300 Moulin
04 70 35 76 77

Centre hospitalier
Service de Pneumologie
04003 Digne
04 92 30 17 21

Centre hospitalier
Service de Pneumologie
Place A.-Muret
05007 Gap
04 92 40 61 26

Centre les Acacias
Service de Pneumologie
05100 Briançon
04 92 25 39 18

Hôpital Pasteur (CHU)
Fédération du Sommeil
30, avenue de la Voie-Romaine
BP 69 – 06002 Nice Cedex
04 92 03 85 93

Centre hospitalier
Service de Pneumologie
06335 Grasse
04 93 09 50 13

Centre hospitalier
Service de Pneumologie
06401 Cannes
04 93 69 71 10

Cabinet de Pneumologie
3, rue de Cronstadt
06600 Nice
04 93 88 73 93

Centre hospitalier
Service de Pneumologie
06606 Antibes
04 92 91 77 27

Centre hospitalier
Service de Pneumologie
10003 Troyes Cedex
03 25 49 48 49

Centre hospitalier
Centre d'Exploration
de la Veille et du Sommeil
16, rue Maréchal-Foch
13004 Marseille
04 91 18 51 91

Centre Saint-Paul
300, bd Sainte-Marguerite
13009 Marseille
04 91 75 13 40

Hopital Nord
Service
de Pneumologie-Allerlogie
Chemin de Bourelly
13326 Marseille Cedex
04 91 96 86 31

Hôpital de la Timone
Centre du Sommeil
264, rue Saint-Pierre
13385 Marseille
04 91 38 58 33

Centre hospitalier général
Service des Maladies
respiratoires
Secteur Respiration Sommeil
13616 Aix-en-Provence
04 42 33 51 63

Explorations neurologiques
Centre hospitalier
Côte de Nacre
Avenue Côte-de-Nacre
14033 Caen
02 31 06 31 06

CHG Jacques-Cœur
Service de Pneumologie
Avenue François-Mitterrand
18016 Bourges Cedex
02 48 48 48 48

Centre hospitalo-universitaire
Service
Explorations fonctionnelles
3, rue du Faubourg-Raines
BP 1519 – 21033 Dijon Cedex
03 80 29 37 53

CHS La Chartreuse
Laboratoire du Sommeil
1, boulevard Chanoine-Kir
BP 1514 – 21033 Dijon
03 80 42 49 66

CHRU de Dijon
Service de Pneumologie
24, rue du Docteur-Calmette
21034 Dijon
03 80 29 30 31

Centre hospitalier
80, avenue Georges-Pompidou
24019 Périgueux
05 53 07 71 36

Centre hospitalier
Service de Pneumologie et EFSN
25200 Montbéliard
03 81 91 61 97

Policlinique
19, avenue Victor-Hugo
26000 Valence
04 75 79 55 55

Groupe médical Rabelais
Centre
de Pathologie respiratoire
54, avenue du Teil
26200 Montélimar
04 75 01 27 76

Hôpital Victor-Joussellin
Pneumologie 7e Nord
44, av. du Président-Kennedy
28107 Dreux
02 37 51 53 10

Centre hospitalier Laennec
Service de Pneumologie
BP 520 – 29107 Quimper Cedex
02 98 52 10 56

Hôpital Morvan (CHU)
Service d'Explorations
fonctionnelles et neurologiques
29285 Brest Cedex
02 98 22 33 33

Hôpital Rangueil (CHU)
Explorations
fonctionnelles neurologiques
31054 Toulouse Cedex
05 61 32 26 98

Clinique Saint-Jean
du Languedoc
Laboratoire
de Neurophysiologie clinique
20, route de Revel
31400 Toulouse
05 61 54 91 41

Cabinet de Pneumologie
17, rue de Rivière
33000 Bordeaux
05 56 44 34 51

Clinique du Tondu
113, rue J.-R.-Daudicolle
33000 Bordeaux
05 56 99 62 67

Hôpital Pellegrin
Clinique du Sommeil
33073 Bordeaux
05 56 79 48 06

Hôpital Guy-de-Chauliac
Service de Neurologie B
4, avenue Bertin-Sans
34295 Montpellier Cedex 5
04 67 33 72 40

Hôpital Bretonneau (CHU)
Centre de Sommeil
2, boulevard Tonnelé
37044 Tours Cedex
02 47 47 37 23

Hôpital Albert-Michallon
(CHU)
Laboratoire
de Neurophysiologie
BP 217 X
38043 Grenoble Cedex 9
04 76 76 55 18

Hôpital Laennec (CHU)
Centre du Sommeil
16, rue Maréchal-Foch
44093 Nantes Cedex
02 40 16 54 87

Centre hospitalier
Service de Pneumologie
Porte Madeleine
45000 Orléans
02 38 74 45 57

CHRU d'Angers
Service de Pneumologie
49033 Angers Cedex
02 41 35 34 69

Centre hospitalier général
Médecine du Sommeil
et de la Vigilance
Rue du Haut-Rocher
53015 Laval
02 43 66 50 00

CHU Hôpital central
Bâtiment Neurologie
1, place de Vigneulles
54035 Nancy Cedex
03 83 85 16 86

Centre hospitalier
universitaire
Service de Pneumologie
54500 Vandœuvre-les-Nancy
03 83 15 40 23

CHR Bon Secours
Service de Pneumologie
1, place de Vigneulles
57038 Metz
03 87 18 60 00

Centre hospitalier
Service de Pneumologie
1, avenue Colbert
58033 Nevers
03 86 68 30 72

Hôpital B (CHRU)
Unité des Troubles de la veille
et du sommeil
2, avenue Oscar-Lambret
59037 Lille Cedex
03 20 44 59 62

Centre hospitalier
Service de Pneumologie
13, boulevard Pasteur
59600 Maubeuge
03 27 69 43 84

Hôpital Service
de Pneumologie
BP 12 – 60109 Creil
03 44 61 60 88

Centre hospitalier
Unité du Sommeil
BP 29 – 60321 Compiègne Cedex
03 44 23 60 00

Cabinet de Pneumologie
172, rue Jean-Jacques-Rousseau
62400 Béthune
03 21 57 24 12

Hôpital Germon-et-Gauthier
Service de Pneumologie
Rue Delbecque
62408 Béthune
03 21 64 43 36

Hôpital Gabriel-Montpied
(CHU)
Service
Explorations fonctionnelles
du système nerveux
63003 Clermont-Ferrand
04 73 31 60 36

Clinique Grand-Pré
63830 Durtol
04 73 60 79 70

Centre hospitalier de Pau
Unité des Troubles
du sommeil
4, boulevard Hauterive
64046 Pau Cedex
05 59 92 49 73

Clinique Aguilera
9, avenue de la République
64200 Biarritz
05 59 22 47 07

Clinique Sainte-Barbe
Laboratoire d'Exploration
du sommeil
29, rue du Faubourg-National
67000 Strasbourg
03 88 21 71 21

Hôpitaux universitaires
de Strasbourg
Unité de Pathologie
du sommeil
Clinique neurologique
67091 Strasbourg Cedex
03 88 11 63 12

Hôpital de Hautepierre
Service de Pneumologie
67098 Strasbourg Cedex
03 88 12 78 37

FORENAP
Laboratoire d'Exploration
du Sommeil
27, rue du 4RSM
68250 Rouffach
03 89 78 51 24

Centre Médical Parot
54, rue Duquesne
69006 Lyon
04 72 44 90 66

CH Lyon Sud
Pneumologie pavillon 5F
69130 Pierre Bénite
04 78 86 15 14

CH Lyon Sud
Service d'Exploration
du sommeil de l'enfant
Batiment 3B
69130 Pierre-Bénite
04 78 86 33 32

Hopital de la Croix-Rousse
93, Grande-Rue
de la Croix-de-Rousse
69316 Lyon Cedex 04
04 72 10 67 29

Centre hospitalier Le Vinatier
Centre d'Exploration
du Sommeil
95, boulevard Pinel
69677 Bron Cedex
04 37 91 54 80

Hôpital neurologique
Unité d'Hypnologie
59, boulevard Pinel
69934 Lyon Cedex
04 72 35 79 00

Clinique Saint-Rémy
Laboratoire d'EEG
et de sommeil
31, rue Charles-Dodille
71100 Chalon-sur-Saône
03 85 92 38 00

Intercommunal
Annemasse-Bonneville
Unité du Sommeil
du centre hospitalier
17, rue du Jura
74107 Annemasse Cedex
04 50 87 40 40

Institut Vernes
Service d'ORL
36, rue d'Assas
75006 Paris
01 40 68 98 98

Hôpital Lariboisière
Explorations fonctionnelles
2, rue Ambroise-Paré
75010 Paris
01 45 22 11 67

Hopital Saint-Antoine
Service de Pneumologie
184, rue du fg Saint-Antoine
75012 Paris Cedex 12
01 49 28 24 98

Hôpital européen G.-Pompidou
Service de Psychologie médicale
20, rue Leblanc
75015 Paris
01 56 09 33 86

Centre médical Édouard-Rist
Service de Pneumologie
14, rue Boileau
75016 Paris
01 40 50 53 75

Centre MGEN
152, avenue de Wagram
75017 Paris
01 43 18 73 09

Fondation Rothschild,
25, rue Manin
75019 Paris
01 48 03 68 53

Hôpital Robert-Debré
Centre d'Investigation
de l'enfant
48, boulevard Sérurier
75019 Paris
01 40 03 22 89

Hôpital Robert-Debré
Physiologie et Explorations
fonctionnelles
48, boulevard Sérurier
75019 Paris
01 40 03 20 20

Hôtel-Dieu de Paris
Centre du Sommeil
1, place du Parvis-Notre-Dame
75181 Paris Cedex 05
01 42 34 82 43

Hôpital de la Pitié-Salpêtrière
Fédération du Sommeil
47, boulevard de l'Hôpital
75651 Paris Cedex 13
01 42 17 67 51

Hôpital Cochin
Service de Physiologie-
Explorations fonctionnelles
27, rue du fg Saint-Jacques
75679 Paris Cedex 14
01 42 34 14 91

Hôpital Bichat
Service d'explorations
fonctionnelles
46, rue H.-Huchard
75877 Paris Cedex 18
01 40 25 84 01

CHU Charles-Nicolle
Service du Professeur Weber
76031 Rouen Cedex
02 35 08 83 83

Hôpital de Bois-Guillaume
(CHU)
Unité de l'Exploration
de la pathologie du sommeil
16, rue Maréchal-Foch
76031 Rouen Cedex
02 35 08 83 83

Centre hospitalier
Service de Pneumologie
BP 24 – 76083 Le Havre
02 32 73 32 32

Centre hospitalier général
Service de Pneumologie
6-8, rue Saint-Fiacre
BP 218 – 77108 Meaux Cedex
01 64 35 38 56

Centre hospitalier
de Versailles
Standard Hôpital A. Mignot
177, rue de Versailles
78150 Le Chesnay
01 39 63 91 33

Hôpital privé
de l'Ouest parisien
Laboratoire
d'Exploration du Sommeil
14, avenue Del-Lago
78190 Trappes
01 30 69 45 19

Centre MGEN
Institut Marcel-Rivière
Laboratoire d'Exploration
du Sommeil
Avenue de Montfort
78320 Le Mesnil-Saint-Denis
01 39 38 77 00

Centre hospitalier
Service de Neurophysiologie
79021 Niort Cedex
05 49 78 31 48

Clinique
de Pathologie respiratoire
CHU Amiens
40, avenue de Verdun
80050 Amiens
04 50 87 40 40

Centre hospitalier universitaire
Avenue Laënnec
80480 Salouel
03 22 45 59 60

Fondation
du Bon-Sauveur d'Albi
Laboratoire du Sommeil
1, rue de la Vazière – BP 94
81003 Albi Cedex
05 63 54 21 48

Clinique du Pont-de-Chaume
82000 Montauban
05 63 68 34 08

Hôpital G.-Clemenceau
Service de Pneumologie
421, avenue du 1er Bâtiment-
d'immeuble-du-Pacifique
BP 1412 – 83056 Toulon Cedex
04 94 08 86 40

Hôpital Font-Pré
Explorations neurologiques
83100 Toulon
04 94 61 60 66

Hôpital Sainte-Anne
Service de Pneumologie
BP 600 – 83800 Toulon Naval
04 94 09 90 00

Cabinet de Pneumologie
33, avenue Frédéric-Mistral
84100 Orange
04 90 51 83 15

Hôpital La Milétrie (CHU)
Service d'Explorations
fonctionnelles
350, avenue Jacques-Cœur
BP 577 – 86021 Poitiers Cedex
05 49 44 43 87

Hôpital Dupuytren (CHU)
Centre d'Étude régionale
du Sommeil
2, avenue Martin-Luther-King
87042 Limoges Cedex
05 55 50 61 23

Centre hospitalier
Service de Pneumologie
2, boulevard de Verdun
89000 Auxerre
03 86 48 48 48

Policlinique Chantemerle
Laboratoire d'Exploration
du Sommeil
98, rue Feray
91100 Corbeil-Essonne
01 60 88 22 18

Centre hospitalier sud-francilien
Service de Pneumologie
59, boulevard Henri-Dunant
91100 Corbeil-Essonne
01 60 90 31 01

Hôpital de Bligny
Département de Pneumologie
91640 Bris-sous-Forges
01 69 26 31 70

Hôpital Ambroise-Paré
Service d'Explorations
fonctionnelles
9, avenue Charles-de-Gaulle
92104 Boulogne-Billancourt
Cedex
01 49 09 57 14

Hôpital Beaujon
Service de Pneumologie
100, bd du Maréchal-Leclerc
92110 Clichy
01 47 31 48 21

Hôpital Antoine-Béclère
Laboratoire d'Exploration
du Sommeil
157, av. de la Porte-de-Trivaux
92141 Clamart Cedex
01 45 37 46 40

Hôpital Foch
Service de Neurologie
40, rue Worth – BP 36
92151 Suresnes
01 46 25 20 00

Hôpital américain de Paris
Service de Pneumologie
63, boulevard Victor-Hugo
92202 Neuilly-sur-Seine Cedex
01 46 41 28 37/27 38

Clinique du Val-d'Or
Service de Pneumologie
16, rue Pasteur
92211 Saint-Cloud
01 47 11 77 11

Hôpital franco-britannique
Service de Pneumologie
3, rue Barbès
92300 Levallois-Perret
01 46 39 22 22

Clinique
du Château-de-Garches
Laboratoire
d'Exploration du Sommeil
11 *bis*, rue de la Porte-Jaune
92380 Garches
01 47 95 63 00
01 53 92 02 02

Hôpital Raymond-Poincaré
Service
de Réanimation médicale
104, bd Raymond-Poincaré
92380 Garches
01 47 10 77 81

Hôpital Jean-Verdier
Avenue du 14-Juillet
93140 Bondy
01 48 02 65 61

Centre cardiologique du Nord
Département de Pneumologie
32, avenue des Moulins-Gémeaux
93200 Saint-Denis
01 49 33 41 41

Hôpital privé de l'Est parisien
28-36, avenue du 14-Juillet
93600 Aulnay-sous-Bois
01 48 19 33 33

CHIC
Service de Pneumologie
40, avenue de Verdun
94000 Créteil
01 50 87 40 40

Hôpital Henri-Mondor
Service d'Explorations
fonctionnelles
51, avenue du
Maréchal-de-Lattre-de-Tassigny
94010 Créteil
01 49 81 26 72

Hôpital Bicêtre
Service de Neurophysiologie
78, rue du Général-Leclerc
94275 Kremlin-Bicêtre
01 45 21 28 40

Centre hospitalier V.-Dupouy
95100 Argenteuil
01 34 23 23 88

Centre hospitalier R.-Dubos
Service de Neurologie
6, avenue de l'Île-de-France
95301 Pontoise Cedex
01 30 75 43 25

Centre hospitalier du Carbet
Service de Pneumologie
BP 24 – 97221 Le Carbet
05 96 78 02 20

DANS LA COLLECTION « POCHES PRATIQUE »

- N° 1 : Dr Henri-Jean Aubin, Dr Patrick Dupont, Pr Gilbert Lagrue, *Comment arrêter de fumer ?*
- N° 2 : Dr Serge Renaud, *Régime santé, régime crétois*
- N° 3 : Dr Dominique Petithory, *La Diététique de la longévité*
- N° 4 : Dr Anne de Kervasdoué, *Les Troubles des règles*
- N° 5 : Dr Philippe Brenot, Dr Suzanne Képes, *Relaxation et Sexualité*
- N° 6 : Dr Jean-Philippe Zermati, *Maigrir sans régime*
- N° 7 : Dominique Laty, Dr Jean-Bernard Mallet, *Le Régime des pâtes*
- N° 8 : Dr Martine Ohresser, *Bourdonnements et sifflements d'oreille*
- N° 9 : Dr Bernard Fleury, Dr Chantal Hausser-Hauw, Marie-Frédérique Bacqué, *Comment ne plus ronfler*
- N° 10 : Dr Denis Vincent, Dr Lucile Bensignor-Clavel, *Rhume des foins et allergies*
- N° 11 : Dr Vincent Boggio, *Que faire ? Mon enfant est trop gros*
- N° 12 : Dr Gégard Apfeldorfer, *Maigrir, c'est fou !*
- N° 13 : Dr Thierry Vincent, *L'Anorexie*
- N° 14 : Pr Pierre Duroux, Pr Michel de Boucaud, Marie-Dominique Le Borgne, *Mieux vivre avec l'asthme*
- N° 15 : Dr Éric Albert, *Comment devenir un bon stressé*
- N° 16 : Dr Bernard Duplan, Dr Marc Marty, *Bien soigner le mal de dos*
- N° 17 : Pr Gérard Slama, *Mieux vivre avec un diabète*
- N° 18 : Didier Pleux, *Manuel d'éducation à l'usage des parents d'aujourd'hui*
- N° 19 : Stephen et Marianne Garber, Robyn Spizman, *Les peurs de votre enfant*
- N° 20 : Dr Patrick Gepner, *L'Ostéoporose*
- N° 21 : Dr Dominique Barbier, *La Dépression*
- N° 22 : Dr Henri Rozenbaum, *La Ménopause heureuse*
- N° 23 : Dr Jacques Fricker, *Maigrir vite et bien*
- N° 24 : Dr Claude Hamonet, *Prévenir et guérir le mal de dos*
- N° 25 : Dr Frédéric Fanget, *Affirmez-vous, pour mieux vivre avec les autres*
- N° 26 : Dr Sylvie Royant-Parola, *Comment retrouver le sommeil par soi-même*

Ouvrage proposé par Christophe André

Publié sous la responsabilité de Catherine Meyer

Cet ouvrage a été transcodé et mis en pages chez NORD COMPO (Villeneuve-d'Ascq)

Imprimé en France sur Presse Offset par

C P I
Brodard & Taupin

La Flèche (Sarthe), le 17-12-2007
N° d'impression : 44886
N° d'édition : 7381-2038-X
Dépôt légal : janvier 2008
Imprimé en France